基于线上线下融合教学模式下的教师信息素养的研究

王丽芳　贾夕婕◎著

中国原子能出版社

图书在版编目（CIP）数据

基于线上线下融合教学模式下的教师信息素养的研究 /
王丽芳，贾夕婕著． -- 北京：中国原子能出版社，
2022.7

ISBN 978-7-5221-2034-8

Ⅰ．①基… Ⅱ．①王… ②贾… Ⅲ．①教师－信息素
养－师资培养－研究 Ⅳ．① G451.2

中国版本图书馆 CIP 数据核字（2022）第 140858 号

基于线上线下融合教学模式下的教师信息素养的研究

出版发行	中国原子能出版社（北京市海淀区阜成路 43 号　100048）
责任编辑	杨晓宇
责任印刷	赵　明
装帧设计	王　斌
印　　刷	北京天恒嘉业印刷有限公司
经　　销	全国新华书店
开　　本	787 mm×1092 mm　　1/16
印　　张	10.75
字　　数	205 千字
版　　次	2022 年 7 月第 1 版　2022 年 7 月第 1 次印刷
标准书号	ISBN 978-7-5221-2034-8　　　定　价 72.00 元

网　址：http//www.aep.com.cn　　　E-mail: atomep123@126.com
发行电话：010-68452845　　　　　　版权所有　翻印必究

前　言

近年来，我国加快了教育信息化 2.0 进程，互联网技术越来越多地应用于教育领域并给教育教学带来了便利，促使教育模式发生变革、教育教学形态和学校组织形态发生转型，从而实现整个教育体系的转型和变革。本书研究的融合式教学是线上教学和线下教学相融合的教学方式，其正是在互联网时代大背景下发展起来的，互联网技术的不断发展会给融合式教学的发展提供强大的支持。随着时代的发展，学校也逐渐引进各种先进技术，并提高学校教育内容与世界前沿知识的关联度，进而加强学生的理论知识与社会需要之间的联系，帮助学生在毕业后更好地融入社会。其中，教师信息素养在提升教学质量、帮助学生适应信息化社会方面有重要作用。

本书第一章为线下教学和线上教学，分别介绍了线下教学、线上教学和线上教学模式三个方面的内容；本书第二章为线上线下融合教学，依次介绍了融合教学的产生和发展、线上线下融合教学概况、线上线下融合教学模式、融合教学模式的设计和实施四方面内容；本书第三章为线上线下融合教学中的问题及对策，依次介绍了融合教学中的问题、线上线下融合教学的提升策略和线上线下融合教学反思和前景展望三方面内容；本书第四章为教师信息素养，主要介绍了教师信息素养的内涵和教师信息素养提升两方面内容；本书第五章为融合教学模式下的教师信息素养培养，主要介绍了融合教学模式下教师信息素养的现状、融合教学模式下教师信息素养的培育和融合教学模式下教师信息素养提升策略三方面内容。

在撰写本书的过程中，作者得到了许多专家、学者的帮助和指导，参考了大量的学术文献，在此表示真诚的感谢。另外，由于作者水平有限，书中难免会有不足之处，希望广大同行及时指正。

目　录

第一章　线下教学和线上教学 ………………………………………… 1

　　第一节　线下教学 ……………………………………………………… 1

　　第二节　线上教学 ……………………………………………………… 9

　　第三节　线上教学模式 ………………………………………………… 49

第二章　线上线下融合教学 …………………………………………… 59

　　第一节　融合教学的产生和发展 ……………………………………… 59

　　第二节　线上线下融合教学概况 ……………………………………… 64

　　第三节　线上线下融合教学模式 ……………………………………… 83

　　第四节　融合教学模式的设计和实施 ………………………………… 107

第三章　线上线下融合教学中的问题及对策 ……………………… 115

　　第一节　融合教学中的问题 …………………………………………… 115

　　第二节　线上线下融合教学的提升策略 ……………………………… 118

　　第三节　线上线下融合教学反思和前景展望 ………………………… 125

第四章　教师信息素养 ………………………………………………… 135

　　第一节　教师信息素养的内涵 ………………………………………… 135

　　第二节　教师信息素养提升 …………………………………………… 141

第五章　融合教学模式下的教师信息素养培养 …………………… 149

　　第一节　融合教学模式下教师信息素养的现状 ……………………… 149

　　第二节　融合教学模式下教师信息素养的培育 ……………………… 154

　　第三节　融合教学模式下教师信息素养提升策略 …………………… 157

参考文献 ………………………………………………………………… 165

第一章 线下教学和线上教学

线上和线下的教学不是随随便便的，要做好线上教学与线下教学的衔接。本章介绍了线上教学和线下教学相关内容，主要从线下教学、线上教学和线上教学模式三个方面进行详细论述。

第一节 线下教学

一、线下教学概述

线下教学即传统的面对面地教学，教师系统地向学生传授知识，学生被动地接受知识，主要体现教师的主导地位。这种传统的教学法最早起源于距今几千年前的孔子时代，至今仍是主要的教学方式，是一种先由教师对所授知识进行系统的归纳和总结，再走进课堂与学生面对面进行详细的阐述和讲解，从而使得学生快速掌握知识的教学方法。

传统教学最具代表性的是德国教育家赫尔巴特及其学派的教育理论和教学模式，他们把教学过程划分为明了、联想、系统、方法四个阶段。美国教育家杜威在《学校与社会》一书中首次把赫尔巴特的教育思想及其实践模式称为传统教育。该学派重视课堂教学，强调教学过程中老师起到主导作用，强调的是老师的"讲"。苏联教育家凯洛夫继承发展了赫尔巴特的教育思想，强调教师在教学过程中的主导作用。凯洛夫在赫尔巴特提出的四阶段教学理论的基础上，进一步提出了"五环节"的课堂教学结构，即组织教学、复习旧课、讲授新课、复习巩固和布置作业。这种教学模式在我国各学科的教学中一直沿用至今。

我国教育教学长期实践中形成并普遍采用的是师讲生听的线下教学模式，其基本程序是：激发学习动机—复习旧课—讲授新知识—巩固运用—检查评价，其显著特点是师讲生听、以教师为中心。

现今，在各个领域都不断进行改革的背景下，传统的教学方式就显得过于单一。主要表现为教师在讲台上绘声绘色地讲授课堂内容，学生坐在课桌前认真听讲及做好笔记。该种教学方式于教师而言比较自在舒适，对于学生而言大多数时候则比较拘谨且不能有过多动作和活动，只能被动接受知识。因此，传统的教学方法有时会被称为"填鸭式教学"。

二、线下教学的组织形式

线下教学在不同时期有着不同的教学组织形式，影响着环境氛围、教学活动、师生互动、教学资源等，从而影响线下教学方法的选择、教学效果的呈现。线下教学的教学组织形式有以下几种。

（一）以个别教学制为主

在这一阶段，主要是教师分别对学生进行知识传授和学习指导，因材施教、关注学生个体发展等先进的、科学的教育教学理念对我们当前的教学研究和教学改革具有指导、启示的作用。

（二）以班级授课制为主

班级授课制因具有组织规范、科学和系统的特点，因具有利于进行规模化教学、利于学生进行系统化学习、利于教学主体间的交流合作等优势，从而在学校教育中得以普及。

（三）多样化的教学组织形式

主要可分为以下几种：

①围绕教学规模、教学内容、教学组织、教学方法进行改革的道尔顿制、文纳特卡制、特朗普制等；

②发展较为成熟的分组教学、小队教学、合作学习等；

③引入计算机技术和多媒体技术的计算机辅助教学、网络教学等。

由以上分析可知，线下教学的组织形式呈现多样性。就目前来说，班级授课制下的教学和引入多媒体技术的教学是主要的教学形态，教师与学生在班级授课制下的传统课堂里引入多媒体技术进行面对面的教学。

三、线下教学的分类

第一，它是以赫尔巴特的传统教育理论为基础，以教师、教材、课堂为中心，对学生进行知识教授的一种教育模式。

第二，它是融入了新的教学模式，如探究式教学、项目式教学、问题式教学，以教师为主导、学生为主体，倡导学生的自主合作探究意识，培养学生核心素养的一种教育模式。

四、线下教学的优势与不足

（一）线下教学的优势

人类在漫长的教育教学活动中，基本都采用师讲生听的线下教学模式。线下教学的优势主要体现在知识传授和情感影响这两个方面。

一方面是在知识传授方面，线下教学更好地发挥了教师的主导和引领作用，便于教师更好地组织和监控整个课堂教学过程。

1. 师生面对面的教学活动，既利于教也利于学

教师能迅速了解学生的学习难点、预判学习效果，并及时调整教学进度、优化教学方法。教师的透彻讲解可以促使学生迅速厘清所需掌握的知识脉络，大量的练习可以帮助学生掌握技能和技巧。学生能一定程度参与课堂，发现问题并给予教师反馈，最终及时解决问题。这种课堂的互动性让学生有较好的学习体验感。教学内容相对统一固定，利于学生学习系统化、结构性强的科学文化知识。同时，教师可以根据学生个体差异因材施教，使教学效果更佳。

2. 师生之间、生生之间的课堂讨论有利于教和学

不仅利于发挥教师组织管理的主导作用和学生的主体作用，也利于形成同学之间的良性竞争和你追我赶的学习氛围。学生在亲身参与中解决疑难问题，会记忆深刻；教师也能对自己的教学内容设计、不足等进行梳理反思，为未来教学提供可靠的理论和实践依据。师生、生生关于知识的合作、探究过程有利于对知识的深度思考。

另一方面是在情感影响方面，教师的言行举止具有潜移默化的作用，影响着学生的学习行为、个性品质的发展；利于提高学生的专注度。教师可以对学生的

学习态度和情绪情感进行及时的了解、干预和调整，利于形成师生之间、生生之间良好的人际关系。面对面的交流和互动可以产生凝聚力，促使学生对学习集体产生归属感，利于打造有温度、有凝聚力的班集体。这种良好的关系和氛围又能促进教学活动的顺利开展，对取得良好教学效果大有裨益。因此，线下教学在传授知识和情感交流方面具有积极意义。

（二）线下教学的不足

1. 不利于学生深入理解所学知识

线下教学以教师传授知识为主，学生能够高效系统地掌握所学知识，但是由于教师时间有限，师生、生生间不能进行深入的交流探讨，学生也不能充分地对所学知识进行迁移和应用，这不利于知识的消化和吸收。长时间后，学生很容易遗忘所学知识，并且容易养成不思考的习惯，这不利于学生应用能力和辩证思维的发展。一些大学课程教学内容多而难、课时量有限、教学进度快，部分学生跟不上进度，不能及时消化掌握课堂内容，导致问题越积越多，最终可能对该课程丧失信心、放弃学习，甚至挂科或重修。

2. 不利于学生个性的发展

线下教学限制了学生主观能动性的发挥。教师处于主导者、权威者的地位，教师讲授内容多、时间长，主要关注知识的教授和讲解，很少关注学生的学习风格和学习能力的差异性，忽视学生在教学活动中的自主性和主动性，导致学生只是被动参与教学活动，主观能动性的发挥被限制。这不利于培养和发展学生的个性品质、思维能力和创新能力。

美国学习专家埃德加·戴尔的"学习金字塔"理论认为，"听讲、阅读、试听和演示"是被动学习，学习内容平均留存率最高约30%；而"讨论、实践、教授给他人"是主动学习，学习内容平均留存率最高可达90%。可见学生主动参与学习远比师讲生听的被动学习效果好得多。而传统教学模式中，一些教师往往"把学生当作灌输的对象、外部刺激的接收器、前人知识与经验的存储器，忘记了学生是有主观能动性的、有创造思维的活生生的人"。

3. 不利于学生的全面发展

在大多数线下教学中，教师只是注重学习结果并把测试成绩作为唯一的衡量依据，采用相同的评价方式来评价具有个性差异的学生。这不利于学生的全面发展，学生的活动能力、解决问题的能力、要求参与和表现自己的愿望被不同程度地限制。这种"灌输式"的教学模式违背了"以学生为中心"的教育理念，不仅达不到良好的教学效果，反而限制了学生学习的积极性、主动性的发挥及探究创新能力的发展。

4. 不利于专业和行业的发展创新

线下教学模式不利于师生对本专业领域已有成就的学习传承，不利于对专业前沿动态的了解，长远看会限制专业和行业的发展创新。师讲生听的教学模式中，教参和教材是教师获取信息的主要途径，教师则是学生获取知识与信息的主要来源。较窄的信息获取途径既限制了教师多渠道获取优质教学资源以及丰富课堂、服务教学的能力，也不利于学生知识信息量的扩充和对前辈学者已有成果的传承发展。

5. 不符合新时代在校学生的要求

目前在校大学生大多是"00 后"，他们是在我国改革开放已经取得一定成就、人民生活基本达到小康水平时期出生的，他们思想活跃、自信开放、视野开阔；同时又在我国科学技术飞速发展的环境中成长起来，从小就熟练地使用手机、平板电脑等移动互联网工具，早已习惯了通过网络学习、社交、消费、娱乐的活动方式。除了传统的实体课堂，他们还有利用互联网学习的习惯和强烈愿望，所以线上线下融合教学模式受到当前大部分在校大学生的欢迎。

五、"互联网 +"对线下教学的影响

2020 年 5 月，李克强总理在 2020 年国务院《政府工作报告》中强调要全面推进"互联网 +"。不得不说，我国已经走进了"互联网 +"时代。

（一）"互联网 +"对线下教学造成的冲击

"互联网 +"对传统线下教学造成了巨大冲击，体现在课堂教学模式、教学内容、师生角色、教学评价的变革等多个方面。传统课堂教学要化解"互联网 +"带来的冲突，就需要从传统知识的"教"转变为多元化知识的"学"，突破课堂时空界限，改革线下教学模式，满足"互联网 +"时代学生的学习需求。

1. 教学模式从传统封闭变为个性开放

在传统线下教学中，教学模式主要为工作过程导向的项目教学。教师和学生面对面教与学，教师教学的重点在于教学内容和如何教学，学生只是简单地学习知识和技能，教学模式较为封闭。"互联网 +"时代来临，智能模拟、知识处理、自然语言理解、计算机视觉等技术日趋完善，平板电脑、VR 设备、AR 装备、智能手机、物联网设备等智能终端开始出现在院校的实训室、实验室之中，应用于

校园日常教学过程，教育从绝对的封闭走向相对的开放。不同知识基础、认知水平的学生可以根据自身需要和目标，时时处处进行自主学习，学习课程将以符合不同人的个性化特征和需求为目标来创建。

2. 教学手段从技术引领变为需求引领

随着信息技术的发展，各种新技术与教育碰撞、结合，不断运用到教和学的变革之中，但是在应用过程中也有许多技术被淘汰。"互联网＋"时代，教师教学手段将从粗放型建设阶段的"技术导向"变为集约型建设阶段的"需求导向"。教师在教学过程中可以选择适合教学、适合学生、满足学生真实需求的信息化教学手段。

3. 教师角色从技能传授者变为技能管理者

在传统线下教学中，教师的角色是技能传授者、"现代学徒制"中的师父。教师在教学过程中只需要考虑教什么技能和如何教，对于学生的需求关注较少，只是单纯地输出技能。"互联网＋"时代，教师的角色被重新定位，教师不再是技能的唯一"提供者"，在教学过程中也不再是权威"主导者"。作为网络"原住民"的"00后"学生，通过互联网可以轻易地获取知识信息和技能信息，可以根据自己的认知目标、学习需求自行选择学习内容，还可以自行制订学习计划，通过各种免费或收费的移动互联网学习APP进行"线上"学习。在此背景下，学生对于任课教师是否能够熟练运用信息技术方法或其他先进手段传授教学内容提出了更高的要求和期待。

4. 教师专业素养从单一到多元

传统线下教师的专业素养，简单地说，就是掌握一门技术。"互联网＋"时代，教师如果只是掌握一项专业技能或一门专业技术，已经不能满足教学和学生的需求。教师应该具备跨学科的视野、跨学科的知识、跨学科教学的能力和方法，"跨界融合"思维下的教学将会呈现出新面貌和新特点。教师的专业素养将呈现越来越多元化的趋势，应用信息技术传授职业技能的能力、信息技术与高职课程整合的能力、应用信息技术评价的能力、应用信息技术管理教学的能力等将成为教师的核心能力。

（二）进行线下教学改革的必要性

1. 学生群体发生了转变

当代学生都是互联网的"原住民"，他们对互联网有一种天然的亲切感，他们习惯和善于用"互联网＋"的方式学习知识、捕捉信息。随着信息技术的发展，学习者已不满足于现有的学习方式，各类数字产品、移动终端为学习者提供了更多的选择。这就需要教育者深入分析学习者需求，打破原有线下课堂教学结构，更新课堂教学模式，以满足学习者需求。

2. 传统教学模式不能满足现代学习者的学习需求

互联网技术和移动通信技术的发展，使得学习环境发生了巨大转变，对传统教学模式也造成巨大冲击，教学模式有了全新的改变。随着网络时代的到来，教育信息化及数字化趋势越来越明显，"互联网＋"改变了学生的学习模式和思维方式，他们追求更为高效的信息传输模式。以前传统的"满堂灌"式教学模式已经不能满足学生的需求，严重束缚学生的发展。假如教师不及时调整教学模式，将会制约学生的发展，学习效率难以提升。所以教师不能只靠专业知识进行教学，还要不断学习，向信息化和数字化的方向发展，积极转变教学模式。通过三尺讲台、一支粉笔就能完成课堂教学任务的时代已经翻篇了，在线教学、多媒体授课成为新型教学模式的主流。教师要借助"互联网＋"带来的机遇重新调整自己的知识结构体系，努力提升信息技术素养，优化课堂教学模式，在教学中正确自如地运用数字化平台。

3. 移动智能终端设备改变了传统线下教学中教与学的方式

随着各类智能终端的推陈出新，教师的"教"和学生的"学"逐渐打破时空限制。利用移动智能终端，教师可以随时随地发布学习资源、学习任务，学生可以随时随地做出响应，师生、生生互动交流更加容易，也更加充分，让泛在学习成为可能。

4. 师生关系发生变化

在"互联网＋"背景下，师生关系发生微妙的变化。教师不再是知识的权威、课堂的主导者，要与学生建立新型师生关系，从知识传授者转为学生学习活动的设计者，转为学生学习的引领者、资深辅助者。在课堂教学中，教师要给予学生更多的尊重与关怀，把思考的时间与空间留给学生，鼓励他们积极思考、踊跃发言，大胆阐述个人观点，尝试体验自主学习的愉悦；充分彰显学生课堂主人的地位，从而培养他们的学习自信心，促进教学的发展。这也是新背景下教师面临的挑战之一。

（三）线下教学发展变革趋势

1. 以教师为中心向"双主模式"转变

随着终身学习和移动学习等理念的兴起，传统线下教学的单向传播方式已经很难适应新时代高校教学改革和学生发展的需要。互联网上海量的学习资源拓宽了学生获取知识的途径，给学生提供了参与和选择的空间，增强了学生学习的积极性与主动性，为学生自主学习能力的提升创造了有利条件。信息技术应用于教育领域，因信息的高度对称性而打破了教育的知识传播平衡，从而造成了教育者权威的削弱。

随着"互联网＋教育"的发展，教师的角色悄然改变。在师生时空分离的情境下，教师不再是讲台上的演讲者，而是学习过程中的帮扶者、导学者。教师不仅要运用信息技术辅助教学，还要运用信息技术引导学生学会学习，激发学生的学习兴趣，引领学生思考。"互联网＋"促使学习方式由以教师为中心向"教师主导、学生主体"的"双主模式"转变。

2. 教学环境由课堂教学向泛在学习环境转变

随着"互联网＋"向教育领域的快速渗透，在线教育成为学校教学的重要组成部分。疫情防控期间，高校进行了大规模的在线教育教学实践，网络教学的优势显著。教室不再是唯一的教学场所，教师网络授课、学生居家学习成为重要的教学场景。网络教学突破了传统课堂的时空限制，教学空间实现了由面对面的教室向虚拟的网络空间的转变。在"互联网＋"时代，要想使网络教学与传统线下教学有效衔接，学校教学应借助移动信息终端，打造随时随地的泛在学习环境，实现正式学习与非正式学习的有机融合，推动线上线下教学互融共生。

3. 教学资源由以书本为中心向网络学习资源转变

随着网络技术的发展以及生活节奏的加快，纸质教材成为教学过程中有限的参考资料，而丰富的网络资源逐渐由辅助资源变成必不可少的学习资源。网络上的学习资源比教科书更新更为迅速，更能紧跟时代步伐，"碎片化"的知识更能快速解决现实中的问题。网络上海量的学习资源使学习者可以突破时空限制，共享优质资源。网络上的学习资源相较于纸质教科书内容更加丰富，形式更加多样，文、图、声、像等多媒体交互作用，各种感官综合运用，能有效促进大学生的深度学习。此外，网络上有大量的优质共享课程，学生可以根据自己的兴趣和需要进行选择。由此，因材施教和个性化教学成为可能。

4. 教学评价由总结性评价向多元化评价转变

联合国教科文组织在《学会生存》一书中提出"学会学习"的终身教育理念，党的十六大明确提出要创建"全民学习、终身学习"的学习型社会。通过在线学习，大学生在获得信息和知识的同时，能有效提高信息检索、选择、加工、创新和合作交流的能力。这些都是学生适应信息社会必备的能力和素养。传统的线下教学评价以考试成绩为重要指标，重点考查学生对知识的理解和记忆程度，缺乏对学生能力的考查。在"互联网+"时代，照搬线下教学的标准化考试模式对在线教学的效果进行评价，会由于评价不全面而打击教师教学的积极性和学生学习的主动性。这就需要形成与在线教学相适应的具有过程性、多元化特点的评价方式。"互联网+"背景下的教育教学实践为过程性教育评价提供了数据支撑，借助大数据可以形成评估学习过程和学习能力的多元化评价方式。

第二节　线上教学

2020年是不寻常的一年，新型冠状病毒肺炎疫情迫使全国人民处于居家状态，打乱了人们原有的生活节奏。同时，全国2700多所普通高校原有的教学秩序被打乱，导致3000多万高校学生不能如期返校。为了抗击疫情并保证教学如期开展，教育部发布了《关于2020年春季学期延期开学的通知》，全国学校被要求延迟当年春季学期的返校时间并更改教学过程，并提出了"停课不停教、停课不停学"的线上学习要求。各高校纷纷提出了对抗疫情的教学方案和策略，积极开展了线上直播教学、网络作业、线上答辩等远程教学活动，确保疫情对高校教学的负面影响降到最低。

在响应国家号召的情况下，线上教学就这样走进了大众的视野，为我们解决教育停滞的燃眉之急。国家为解决部分农村地区和边远贫困地区无网络或网速慢等问题，安排通过电视来传播教学资源的活动，教育部统筹各种学习资源，提供了丰富多样的、全覆盖的网络教学资源，各地政府也为个别困难家庭免费安装无线网，各级学校也开始完善自己的多媒体教学设备。这期间，在确保教学进度、教育质量的基础上，一场教育的改革悄然发生。全国各级院校也依托各级各类的在线平台、利用网络学习空间等，广泛地开展了线上教学活动。与此同时，教学任务也持续加重，但是众多一线教师在家长和学校的配合下积极地开展线上教育，努力满足学生疫情防控期间的各项学习需求。

这一次大规模的线上教学活动对于高校来说，可谓是一次前所未有的教学方式以及教学质量的挑战。线上教学与传统的教学模式存在很多不同，如教学环境由教室集中教学转换为居家独立教学；人际相处对象从与师生多元共处转换为家人单一相处；管理方式由"他律"转换为"自律"，由"面对面管理"转换为"声对声"与"号召性"管理，由"熟悉的管理模式"转换为"探索的管理模式"；学习资源由图书馆的实地供给转换为线上资源的提供。同时，高校线上教学对教师与学生的网络信号及电脑、手机等终端设备也提出了较高的要求，并要求教师和学生掌握线上教学操作方法和技能。面对上述种种挑战，探索线上教学尤为迫切。

一、"互联网＋教育"

"互联网＋"就是互联网与各传统行业的组合，借助计算机技术、通信技术以及网络平台，组合过程中将传统行业融入互联网，创造出一种全新的形态。"互联网＋教育"就是互联网科技与教育领域相结合的一种新的教育形态，这种形态随着教育信息化的不断发展，越来越受到社会、学校、师生的青睐。2017年1月，《国务院关于印发国家教育事业发展"十三五"规划的通知》提出要积极发展"互联网＋教育"，要求发展现代远程教育和在线教育，支持"互联网＋教育"教学新模式，发展"互联网＋教育"服务新业态。2018年11月，首个获批的"互联网＋教育"示范区正式启动建设工作，将在5年内实现在教育资源共享、创新素养教育等五个方面引领示范，形成一批可复制、可推广的"互联网＋教育"模式。

（一）"互联网＋教育"的内涵和特点

"互联网＋教育"是在"互联网＋"思维和行动指引下发展起来的相对于传统教育而言的一种创新教育模式。众多学者从不同视角分析了"互联网＋教育"的内涵和特点。朱月翠、张文德认为，"互联网＋教育"主要是指教育在线化、数据化、可视化、自主化、个性化；陈丽认为"互联网＋教育"特指运用云计算、学习分析、物联网、人工智能、网络安全等新技术，跨越学校和班级的界限，面向学习者个体，提供优质、灵活、个性化教育的新型服务模式；陈婷认为"互联网＋教育"能充分表现教师主导、学生主体的关系，学习方式更加个性化、适配化，学习可以发生在任何时间、任何地点，教师也从以前的讲授者转变为引导者、启迪者；姜思璐认为"互联网＋教育"并不是简单意义上的在线教育，而是利用互联网技术对传统教育进行深度整合、重构，拆去了传统教育的时空围墙，改变传统知识传授方式，改变学习者学习方式，使学习者在协作学习的基础上利用大数据和自动化教学系统使个性化学习成为可能，以此来达到教育最优化。其运用主要包括慕课、微课、云课堂等。虽然形式不同，但本质却是相同的，都是借助互联网技术，在师生分离状态下实施的教学和学习活动。

"互联网＋教育"具有以下特点：一是技术化，互联网技术、通信技术、计算机技术的宏观发展和普及为"互联网＋教育"提供了社会大环境和技术支撑条件；二是泛在化，"互联网＋教育"在技术、设备、资源的支持下，"时时可学、处处可学、人人可学"成为现实；三是个性化，"互联网＋教育"通过整合技术、平台、资源所形成的教学系统满足了学生个性化学习的需求；四是资源化，"互联网＋教育"作为一种开放互联的新教学模式，在技术支持下需要配以足量的、优质的、多样的教学资源，教学资源是"互联网＋教育"的核心，是学习活动的载体；五是创新化，"互联网＋教育"创新了教与学的活动形式，打破传统教学时空屏障，极大整合了多样教学资源，适应了新时代教授者与学习者多样化、个性化的学习需求。

"互联网＋教育"的前提是互联网的网络环境和技术支持，落脚点是互联网应用于教育中，并促进教育发展、变革教育形式、扩大教育影响、创新教学模式。"互联网＋教育"是具有我国特色的提法，互联网与教育结合的雏形有早期的远程教育、网络教学。"互联网＋教育"不等同于网络化教育，也不是基于网络的技术化教育。"互联网＋教育"是充分整合互联网络、信息技术、智能技术、教学资源、教学设计的一种可支持泛在学习、终身学习、自适应学习的创新教学模式。"互联网＋教育"是借助高速互联网（光纤、4G、5G）、云计算、大数据、学习分析、网络安全、人工智能、物联网等新信息技术提供的虚拟学习空间，让教育资源走出学校，师生界限变得模糊，学习共同体逐渐清晰，学习资源成为学习者学习的对象，独立、自主、独特、终身学习成为学习生活新常态。

随着互联网环境和技术的发展，"互联网＋教育"的内涵与外延不断丰富，逐渐被认识和接受，受众面越来越广。在"互联网＋教育"大力发展的同时，其有效性、普适性、学习体验值得理性思考。常态下的"互联网＋教育"一般作为传统学校面对面课堂教学的外延、补充、辅助。

（二）"互联网＋教育"模式

1.教师创生教学资源

教师根据学生特点整合教学资源，其中包括一些已有资源，如出版的教科书、导学案等；在这些已有资源的基础上，教师还要依据学生特点和教学目标生成新的教学资源，包括预设整合制作的微课视频、教学设计方案、教学课件等，以及之前的一些课堂实录、讲解音频等。将这些生成性的优质资源整合起来，分享到教学平台，就转化成了新的资源。教师的主要工作是整合、生成优质教学资源，然后依据学生对资源的使用情况来优化新的资源。传统的课堂讲授流程逐步被不断演化的优质教学资源替代，而教师变成了学习的促进者、资源的整合者、互动的解惑者、情感的支持者。大规模、长时间的在线教学正是教学资源的"试金石"，优质的教学资源得以不断创生和优化。

2. 学生利用资源自主学习

学生是教学资源的消费主体，他们本身具有探索新知识的欲望。但各类教学资源参差不齐，那些不适合他们的教学资源会降低他们的学习兴趣，从而导致他们的厌学情绪。那么不同内容适合以什么方式提供给学生学习？对于简单的知识，可以提供书本文字、图片，学生可以自主消化；对于复杂的知识，就需要借助形象的讲解、示范、小组讨论、亲身经历等方式帮助学生理解。在基础教育阶段，很多固定的陈述性知识变化较小，将这些变化较小的、在线形成的优秀讲解视频存到教学平台，经再次编辑处理后供其他教师反复使用，以提高教学效率。

3. 教学评价促进资源演化

"互联网＋教育"中资源的评价是指学生在使用优质资源的过程中提供的反馈，评价可以包括考试成绩、学后作业完成情况、师生互动数据等。在上一轮教学或者别的区域教学中已经出现的问题，学生学习过程中再次遇到类似问题时可以在教学平台中自主查找相关内容。如果没有找到，学生就需要询问教师，教师依据学生的问题改进、优化教学资源，探索开发新资源，或为弥补原资源的不足而更新资源，从而形成一个巨大的、不断更新的资源库。当这个资源库足够丰富的时候，学生就可以实现"哪里不会点哪里"的愿望。这个资源库是共享的。在学生不会自主学习的时候，由教师根据学段、年龄特点安排教学任务。学生的自主学习能力一旦适应了学习阶段的要求，则学生可以依托学习平台畅游知识海洋，实现个性化学习；即便离开学校，也可以在平台上继续学习自己感兴趣的内容，以实现终身学习。

"互联网＋教育"中各要素具有各自的功能和特点，彼此之间密切联系，某一要素不能取代另一要素，每个要素缺一不可，各大要素互相支撑。在组织和实施教学时，应从系统的视角来看待在线教学的生态，充分整合和运用各要素，从而提高教学的有效性和适切性。对于信息技术支持下的在线教学，要用互联网思维对其进行认识和理解。网络作为在线教学的传输媒体，具有传播快、数字化的特点。"互联网＋教育"不等同于把课堂教学搬到网络上进行，在线教学活动中的学校、教师、学生、家长等教学主体需要借助教学平台完成各自的任务或实现自己参与教学的目的。多主体在在线教学中的体验关乎各学习主体的学习感受，各学习主体的学习感受关系到学习效果。应以"用户思维""体验思维"来审视"互联网＋教育"的在线教学内涵，力求为学生提供更多有利于建构知识的教学资源。

（三）"互联网＋教育"的应用原则

1. 技术性原则

技术性原则是"互联网＋教育"的本质要求，是"互联网＋教育"开展教学实践活动的首要原则。"互联网＋教育"涉及多种技术及领域，"互联网＋教育"在线教学环境是基于网络和信息技术的环境。

教师与学生参与在线教学活动时必须掌握一定的信息技术应用能力，诸如计算机多媒体设备与移动终端设备的使用、学习平台的使用、学习工具及学习资源的操作及应用、网络教学资源检索获取加工、网络教研共同体环境中师生间的交流与互动能力等。教师与学生必须掌握相应的信息技术应用能力，具备相应的媒介和信息素养，才能熟练应用在线教学资源与平台、顺畅地进行在线教学，以保障在线教学效果。

2. 自主性原则

"互联网＋教育"的核心本质是在时空分离的前提下实施教学，教师与学生处于时空隔离的两端，在虚拟的共同体（班级群、电子社区、网络学校）中进行学习活动。这样的分离使学生失去了班级授课制面授课中的教师监督和班级氛围，缺乏教师的纪律监督与教学组织。一方面学生的学习专注度会下降，学习注意力会分散；另一方面缺乏教师的学习组织与学习指导。因此，学生的学习方法要以自学、跟学为主，自主学习能力和学习意识是物理时空隔离状态下学习者的必备素养。在线教学中的学习者以主动、积极的态度参与学习，学习者根据自身情况制定学习计划、学习目标，进行自我调控与管理。

3. 发展性原则

"互联网＋教育"中不仅学生的知识水平得到提升，更重要和长远的是要使学生的学习能力得到发展。"互联网＋教育"在线教学的目标不应局限于知识目标的达成，还应包括教师与学生在"互联网＋教育"环境中的学习意识和能力的提高。在线教学过程体现了教师与学生提高终身学习意识及能力的要求。在"互联网＋教育"实践过程中，要注重发展性原则，使教师与学生的核心素养得到升华。

教师在在线教学活动中的角色较传统课堂教学更多、要求更高，教师应充当知识讲授者、资源开发设计者、过程监督者、学习引导者、学习评价者、技术指导者等角色。疫情下，在线教学大规模开展，大量教师开始进行在线教学，教师要持续学习新技术来提高自己的业务能力，这也是终身学习的要求。这对于疫情之前没有进行过在线教学或对在线教学不熟练的教师而言是一种专业成长的机遇，也面临掌握在线教学技术的压力。

学生应重视自我发展素养的培养，主要体现为通过在线学习获得学习课程知识，同时能提升运用各类教学资源进行自主在线学习的能力。学习者是在线教学中的重要主体，在线教学的最终目的是促进其发展，通过在线学习使其获得知识，进而逐渐掌握在线学习的方法和技能。学习者掌握在线学习的方法和技能的基础上，就可以根据自身学习情况运用平台、课程、工具等资源。通过这些资源培养学生的乐学精神，提高自学能力，形成独特的学习过程、学习体验，从而促进学习者实现自我发展。

4. 适切性原则

新冠肺炎疫情导致的这样一个颠覆性的、突发的教学转变，对整个教育生态都是巨大的冲击。教学主体要努力去适应这种变化，体现为师生对众多在线教学模式的适应程度，返校后在线教学模式与原学校教学模式衔接的程度，以及常规学校教学模式与未来教学模式变革的适应程度。

新冠肺炎疫情防控期间，在国务院及教育部等部门的宏观运筹下，先后开通了众多网络学习平台、网络学习课程，这些学习平台和课程极大地满足了大规模在线教学对教学资源的需求。在具体实践中，不同地域、学校、学生对学习支持资源有针对性需求、个性化需求。在选择教学支持资源时，要充分考虑教学现状、学习者特征，对现有学习支持资源进行编辑和加工，使学习支持资源具有更好的适切性，以提高在线教学的学习效率与教学效果。

（四）"互联网+"背景下高校在线教学的必要性

1. 时代背景：教育信息化的趋势

自 18 世纪中后期的第一次科技革命开始，人们就不断地探寻着生产力改革的新模式。随着科技革命的不断推进，科技逐渐渗透在各个领域的发展中。智能化、网络化与数字化的教学模式逐渐在中小学与高校中传播开来。苏州大学校长熊思东提出："线上教育不是教学方式的应急措施，它将成为高等教育教学的新常态。"因此，教育信息化更应把握时代脉搏，以精细化的教学方案、动态化的数据分析、即时性的教学评价等创新高校教育模式。

2. 政策要求：推动在线教育发展

2018 年，教育部在《教育信息化 2.0 行动计划》中提出"到 2022 年实现教学应用覆盖全体教师、学习应用覆盖全体适龄学生、数字校园建设覆盖全体学校，信息化应用水平和师生信息素养普遍提高"等目标。高校在线教学建设应该以教育政策为指引，逐步提高高校信息素养，实现教师与学生信息素养提升全覆盖，以此提升高校整体办学质量，构建信息化教学网络。

3. 高校需要：多元化的教学模式

高校作为培育精英化人才的教学场所，应该能够根据不同学生的学习风格，针对其个性化的需要，灵活运用各类网络教学平台，通过大数据分析对学生的学习状态、学习集中化程度、知识掌握程度等信息进行详细分析，依据学生的实际情况确定课程改进的方向。多元化的教学模式有利于促进学生自主学习，实现"以学生为中心"的教学目标。

二、线上教学概述

线上教学是"互联网＋教育"的典型应用和突出体现。在我国"停课不停学"政策指导下，在线教学成为"互联网＋教育"的主要实践形式，全社会开展了前所未有的超大规模、各种形式的在线教学实践。

（一）线上教学的定义

线上是网络用词，指的是网络上，教学与网络相结合就形成了线上教学。广义的线上教学是指以网络教学平台、数字电视以及移动终端等网络媒介为载体，以网络点播教学、学生自主学习、教师集中辅导答疑等形式开展，各种有学习需求的群体或个体都可以参与的教学模式。在此过程中，教师和学生可以在任意时间、地点进行授课和学习，不受时间和空间的约束。狭义的线上教学特指在校生通过网络学习校内课程，可分为异步在线教育和同步在线教育，其具有延时性和即时性的区别。

自主学习是一种学习方式、学习行为。霍尔克最早将这个概念引入教育教学，他把自主学习定义为管理自己学习的能力，认为自主学习者要明确目标，掌握学习能力，灵活运用方法，监控学习过程，调整学习策略，评价学习结果，并能够承担学习责任。阿尔温·托夫勒在《第三次浪潮》中提出，21 世纪的文盲将不是那些不会读书写字的人，而是那些不会学习、不会选择、不会反思的人。自主学习也是中国学生发展核心素养的要求，是终身学习的一个必备条件。《学习的密码报告》指出学习的秘密归根结底是自学。由此可见，自主学习是一种个人主观的自觉学习意识和行为，表现出学习者的主动性和积极性，是学习者"主动的"学习行为。自主学习是学习者的必备学习能力之一，对学习者取得良好学习效果有至关重要的作用。

本书研究的线上教学是教师基于线上工具和平台，把教学资源进行整合和优化，通过直播、录播、慕课、文字加音频、线上互动研讨等多样的形式，师生之间交流互动，使学生掌握学习内容的教学活动。教师有计划、有目的地在课前、课中、课后通过网络教学平台、移动终端等进行教学。在线上教学中，教师可以给学生提供各种线上学习资源，进行同步或异步的在线教育。线上教学包含了特定的老师、学生、环境、时间、内容。具体来说，特定的老师是指学校内进行线下教学的各科目老师；特定的学生是指学校内班级里的学生；特定的环境既可以是纯粹的线上教学环境，也可以是线下教学环境中进行的线上教学；特定的时间是指课前、课中、课后的学习时间；特定的内容是指与线下课堂内容相关的学习内容。

线上教学是由教师与学生跨越空间限制，借助互联网平台进行的教与学的双边教学活动。线上教学的最大特征就是能够突破时空限制，不同地域的人可以同时共享信息、互动沟通。与线下教学相比较而言，线上教学的优势主要体现在学生不局限于固定的上课地点以及教师的学生容量也会增大。此外，不受限于死板的授课时间，学生能够更加科学合理地安排自己的时间，使自己的学习计划性更强；同时，班级容量、教师不足的问题也可以得到解决，同一个课程只需要授一次课便可对所有学生开放。这样的方式大大提高上课效率，节约教学资源，同时能省出更多的自由时间供学生自主安排学习。随着通信技术的不断升级，互联网技术使得教学过程中教的行为与学的行为被精准监控，教学活动能够被清晰地记录并传播开来。目前线上教学分为录播课与直播课，录播课具有时间选择上的自由，直播课具有实时互动的功能。

（二）线上教学要素

线上教学是一种教学活动，其要素包括学生、教师、教学辅助人员、教学管理者、技术保障者、事务性办公人员、终端设备、课程、教学环境等。最基本要素为学生、教师、互联网、线上课程。学生是具有思维活动和语言沟通能力、抽象能力和学习的本能的，是具有发展性的人；教师是线上课程的开发者、知识的传送者，是考核的评价者；互联网具有课程收发与传送功能；线上课程为教学内容，构成人际交往的相关内容，是线上教学的核心资源。线上教学要素之间存在互相依存、共同发展、不可或缺、不能分离的关系，正是线上教学四种基本要素的互相关联促使了线上教学系统的生成。高校线上教学质量管理应围绕线上教学要素进行。

（三）线上教学特征

线上教学利用信息技术促进教学的多样性发展，注重教师的新媒体设备操作能力，克服教学资源配置不平衡的问题，打破教室的局限性，改变教学内容与教学方法，减少教师监管学生的约束感，以实现人才培养创新化，从而提升高校教学质量的教学目标。与传统教学相比，线上教学具有以下重要特征：①开放性。传统的教学方式具有封闭性，课程仅对校内学生开放。而线上教学课程打破了高校教学课程多年无法共享的局面，更多的学生可以参与。②便捷性。传统的教学场景是教师在封闭的教室传授知识。线上教学模式打破了传统教学的时空界限，时间上自由，物理空间也更具有选择性。③重复性。传统教学有固定的教学时间安排，教学内容难以回放，学习内容不易保存。线上教学课程可以保存回放，随时进行复习与巩固，使知识根深蒂固地进入学习者的知识系统。④自主性。传统教学以师长管理为主。线上教学学习氛围宽松，以自我管理为主，更注重促进学生独立思考与自我约束。

（四）线上教学本质

1. 网络学习活动

线上教学是一种学习活动，这是其最基本的性质。它既区别于人类社会的其他教育活动，也区别于其他互联网活动。

2. 交互式的教学

互联网是交互的。互联网具有信息的双向流动性，用户在互联网上进行着双向的信息交流与互动，通过互联网将人的思维、情感连接起来。线上教学强调师生之间的有效互动、信息双向反馈。

3. 指导性与自主性共存的学习

教师是教学活动中不可缺少的要素，教师在线上教学中扮演指导者的角色。线上教学中指导者与被指导者时空分开，但指导责任依然存在。线上教学中学生成为主体，学习过程的监督管理更依靠自我管理，这意味着真正意义上的指导与自主共存。

（五）线上教学的优势和不足

1. 线上教学的优势

信息技术的发展使得教育教学中的沟通交流更为灵活方便。教育教学资源更为丰富多样，这给教育教学带来了极大的方便，同时推动教学向着一种全新的方式发展。在这样的环境下，线上教学具有巨大的优势，表现在以下三个方面：

首先，线上教学借用信息技术手段和网络平台互动，可以使所有的学生都有均等的机会看清"黑板"，有均等的机会参与线上学习互动，同时也有利于师生的交流沟通。在线上教学中，师生可以通过学习群、网上论坛等方式进行交流，教师与学生可以随时随地进行交流和沟通。

其次，线上教学有效拓展了学习的时间和空间，课前和课后学习任务布置使得学生的"学"和教师的"教"得到更多的延伸。学生在线上教学中可以自由学习，可以重复观看学习视频，并在线上教学中进行自我管理、自我规划，从而实现自主学习和个性化学习。这体现出了学生的主体地位。线上教学可以在全国范围内轻易地整合所有优质的教育资源，如新疆的学生可以通过网络听取北京四中的名师授课，打破了传统线下授课的地域性限制，实现了优质教学资源共享，有助于实现教育公平。这也是中国在线教育的市场规模不断扩大的原因。

最后，相比传统的线下教学，线上教学模式更能节约时间和成本。进行面对面的授课，教室、黑板、粉笔是传统线下教学的标配。对老师来说，如果早上有课，就得早早起来洗漱、吃饭、收拾、去学校，提前到达教室等待学生。这一系列的工作要花费大量的时间和精力，45分钟的讲授课程外还要花4～5分钟的时间安排有关上课的事情；而线上教学模式大大降低了时间成本，没有提前去教室、路上行走等时间花费，只需要在上课前用5～10分钟时间打开电脑、平板等上课设备进行调试即可。对学生来说，减少了去学校的时间，成本大大降低，线上教学过程中的作业布置、收取、批阅和订正因借用信息技术手段，大大提升了效率。学生的自主学习时间也更为充裕，学生可以利用多样化和优质的教育资源拓宽知识视野，还可以接触更多的专家学者，接受他们更高水平的指导，这提升了学生的思维高度。

2. 线上教学的不足

当然，线上教学也表现出了一些不足。

第一，由于缺乏线下监督指导和自主学习能力较差等原因，部分学生自律性较差，无法高效参与到教学活动中。学生学习效果受所处环境影响较大，学生非常容易受到外界干扰而导致注意力不集中。在线上学习期间，因受电子产品诸多游戏功能的诱惑，学生不能全身心投入学习中。如果学生没有具备较好的自主学习能力，线上教学将难以顺利开展，学生也较难实现系统知识的学习。

第二，教师对课堂情况难以做到实时有效的监管。相比于传统的教学方法，直播授课时教师无法面对学生，而且看不到屏幕后的同学，授课时无法确定学生是不是同步在听课。与传统的线下教学模式相比，老师对课堂的监管就显得心有余而力不足。虽然各大授课平台都在尽力解决这一问题，推出了多种监测软件，但效果不尽如人意。"网对网"的新型授课模式在疫情的冲击下得到广泛应用，但要得到进一步的推广和使用，代替传统教学模式，还得进一步克服监管不力的缺点。

第三，线上教学互动方式十分受限，主要采用语音和视频形式进行。教师和学生之间进行实时交流及现场互动较为困难，无法实现眼神交流和情感交流等互动，容易导致学生学习兴趣下降。线上教学由于拉大了师生间的空间距离，没有了面对面的师生、生生间的信息交流、人际互动、情感氛围，这会使得学生易产生厌倦、孤独、焦虑等负面情绪，学习状态散漫且学习效果欠佳。

第四，教学质量难以保证。前面讲了老师对课堂监管不力，势必会导致教学质量问题。教学质量是衡量一种教学方式最重要的指标，如果教学质量不行，教学方式再如何新颖，再如何得到学生的喜爱，一切都是空谈。有的老师是第一次接触网上授课，面对新的授课环境，面对电脑屏幕自导自演，面对不知是否认真听课的学生，一切都显得那么陌生。面对新型教学模式这样一种新生事物，还没有来得及适应或者了解就直接应用到教学实践中，对授课老师来说难度较大，授课效果自然达不到理想状态。

第五，在线学习受网络信号影响较大，必须具备电脑硬件和网络稳定的基本条件，还需要学生具有较高的信息技术能力和素养水平，学习成本相应提高，对于偏远地区家庭会造成一定负担。截至 2019 年 6 月的调查显示，中国网络普及率超过 60%，这一数据充分说明了中国网络发展的速度。目前来说，除了极个别特别偏远落后的地区无法普及网络之外，其他地区都实现了网络覆盖。但是区域不同，网速差别较大，西北偏远地区的网络信号不稳定，影响了授课效果。

三、线上教育资源分类及其特点

线上教育资源丰富，各种线上教育平台种类多样，为线上教育的发展提供了有益助力。目前可利用的线上教育资源数量繁多，类型多样，质量参差不齐，大致分为课程类、辅导类、答疑类、题库类等。

（一）课程类

课程类是线上教育资源的典型代表，在教育领域出现最早、用户最多、数量最多。多采用视频形式进行线上授课，视频可大致分为录播、直播、在线一对一三类。

1. 录播课

作为"互联网＋教育"的主流，视频课程是基础教育学科辅导的前沿阵地。最初的在线学习形式为录播课，其代表有简单学习网、北京四中网校、清华大学附属中小学网校、黄冈网校、101网校、新东方在线、学而思网校等。录播课的基本模式较为简单，将线下名校或名师的课程实录视频直接或加以剪辑后放到网上，供学生观看。视频的类型可分为免费和付费两种，学生根据自己的需求进行选择。费用只是一方面，影响录播课发展的根本问题在于其形式。视频都是录制的，教师与学生之间不存在互动交流环节，教师单向输出知识，学生被动接受，互动性差、学习效果不佳，因而这种模式不符合教学规律。教育是一种双向的情感交流活动，在教学过程中，学生不能与教师进行实时互动，即使学生出现疑问也得不到解决；即便有课后的交流反馈，教师也不能第一时间给予反馈，容易使学生产生懈怠情绪。录播课容易给学生造成一种置身事外之感，很多学生表示观看录播课时没有参与感，很难让他们保持专注。另外，很多录播课是从各种信息资源平台上搬运转载的，其课程完整度、更新速度难以得到保障。随着学生对教学资源要求的提高，录播课走向没落是必然趋势。

2. 直播课

直播课则是新冠肺炎疫情爆发以来较为普遍的线上教育模式，家长、学生口中的"网课"多指这种线上教育形式。直播授课与网络直播一样，最大的特点就是及时性与互动性。线上直播平台有很多，常用于教育的平台如钉钉、腾讯课堂、腾讯会议、雨课堂、学习通、高途课堂、猿辅导、有道精品课等。这些线上教育直播平台有一些共同的功能，如直播签到、点名、连麦、弹幕、评论区交流等。教师在直播授课前调试好麦克风、摄像头等设备，将课件进行实时共享，学生只需在开课前进入直播间观看参与相关课程即可。直播授课时，教师可以实时与学生进行交流，了解学生的学习情况；也可以根据学生在评论区里的反馈适时调整教学内容；还可以进行在线提问，语音连麦让学生发言，师生实时互动交流，力图还原真实课堂情境。

但直播课存在以下弊端：由于受设备限制，部分学生抓住教师监管的盲区，在观看直播课的同时进行吃东西、睡觉、打游戏、看视频等与学习无关的活动。教师虽然通过实时监控可了解学生的学习情况，但不如课堂面授时直观；且直播授课时间有限，课前签到、知识讲解、提问答疑会占据线上课堂大部分的时间，教师无法时刻对每一位学生的线上学习情况进行监管。一些自制力不强的学生很容易被其他事情所吸引，导致学习效果不佳。除此之外，直播课还会受设备、环境等因素的影响。设备不良、网络卡顿等问题会导致教师与学生沟通不畅；直播课操作便捷，无论何时何地均可进行，但也正因如此，直播课的环境难以保障，教师与学生连麦进行交流时会发生各种各样的意外情况。上课环境与上课纪律成为直播课的最大问题。

3. 在线一对一

相较于前两种线上课程形式，在线一对一既有直播课的及时性与互动性，还具有针对性，可有效解决上课环境与上课纪律等问题，发展势头最为迅猛。

在线一对一是指一名老师对一名学生进行线上辅导的一种线上教育形式，以掌门一对一、作业帮、猿辅导、三好网等为典型代表。在线一对一融合了线上直播课与家教的教育形式，一名老师辅导一名学生，学生可以选择适合自己的老师，然后在线上教育平台上与老师进行一对一的视频学习。线上教师针对学生的学习薄弱项进行精准提升，在线上课堂中贯穿讲、议、练、答。线上平台对教师的授课环境及授课内容有着详细的要求与规定，还有专业的技术人员负责后台解决网络故障等问题，保障线上教学活动的顺利开展。教师面向一名学生可确保学生的学习效果，实时与学生进行互动，了解学生知识掌握程度，及时解决学生在学习时产生的疑惑与问题，即讲即练，确保学生掌握线上课堂的主要内容。相较于直播课的一对多形式，线上一对一模式使学生与教师直接进行交流，给予学生充分的关注，让学生释放思维。一对一形式使线上教师对学生的学习程度及课堂表现等情况的把握也更加准确，具有交流性、互动性、针对性。

同时，线上一对一也存在着一定的弊端，如教师的服务大于教学，部分学生与家长将是否喜欢教师的教学风格作为教师教学好坏的评判标准；追求立竿见影的教学效果，学习答题方法与技巧，忽视基础能力的提升；学习成本较高。

（二）辅导类

辅导类线上平台通过网络信息技术，构建学生自主学习及与老师、同学交流的线上社区，使得学生学习时打破时空限制，学会自主利用线上教育资源进行学习、查漏补缺。

这类线上辅导平台都有丰富的资料可供学生查阅；知识点丰富详细，重难点清晰；能使学习者在学习过程中对知识体系有一个较为全面的把握；有着能为学生提供不同解决问题思路的优点。但也存在着共同的缺点：界面简单；不能做笔记；对于知识的分层分类不清晰；相比于教辅书，缺少常考题的举例补充；与学情结合不紧密，指导意义不强；侧重呈现知识点，忽视技巧讲解；教师对学生的指导存在一定滞后性，导致用户体验感不佳。

（三）答疑类

答疑类线上平台下载量与争议性成正相关态势，深受学生用户的喜爱，用户数量较多，但同时也受到了许多教师、家长的反对。答疑类线上教育平台的主要功能是为学生创造一个提供解题思路、问答沟通交流的平台。学生将自己不会的题拍照上传至平台，平台另一端的服务人员提供解题思路，学生只需要简单操作就能迅速得到答案。

这一类平台的优势在于能够快速解决问题，学生将不再被学习过程中遇到的难题困扰，同时还可以得到不同种类的答案，开拓了解题思路。家长反对主要是因为这类答疑类平台存在着明显的弊端。首先，学生缺乏学习自制力，搜题是为了快速完成作业，不求甚解。学生只是简单地将答案抄下来，并不进行深入细致的思考。长此以往，学生抄袭作业成为习惯，失去了独立思考的能力。其次，平台上的信息来源渠道并不可靠，对问题的识别率不高，答案水平参差不齐，专业化程度不够。最后，对有些学习能力不强、学习态度散漫的学生来说，他们很容易对答疑类的线上平台产生依赖感，不利于培养学生的思维能力，阻碍学生核心素养的提升。

（四）题库类

题库类线上教育平台主要是面向中小学教育，涵盖各个省、市历年真题、精编模拟题、题目答案详情及具体的解题步骤，试题质量有一定的保障。这些题库内容丰富、分类明确，包含各省市、各地区、各学段、各类型考试的所有题型和内容，可用于学生平时课后练习、夯实基础，也能为应试考试做拔高冲刺的准备。同时，学生能够使用互联网移动终端进行练习，实现随时随地做题。学生也能选择专项训练，有针对性地对知识点掌握薄弱环节进行训练。题库类线上教育平台还能自动生成错题集，便于学生将错题内容打印成试卷和答题卡，有效练习、巩固所学知识，一方面节约了练习时间，另一方面也提高了学习效率。

题库类线上教育平台的劣势在于其本质理念还是题海战术，倡导学生多做题、多刷题，熟能生巧、形成答题模式，这并不符合教育规律；题库内容更新不及时，一些老题、旧题并不能满足当前学生的学习需求，一些家长强制要求孩子刷题，不仅耗费时间，还容易让学生产生厌倦感，排斥学习；题库类平台仅提供"答案解析"供学生参考，不能指出学生在解题过程中出现错误的原因，也不能对学生的错因进行剖析和指导，不能从方法上对学生进行指导，学生下次见到同样类型的题时还是会按照自己固有的答题思路进行解答。练习得越多，固有的错误的答题思路就会越根深蒂固，不利于学生思维能力的提升。

四、线上教学支持

线上教学组织及支持是对线上教学系统中宏观资源的具体整合与运用，线上教学组织及支持服务是线上教学能够开展的前提，是激发和维持学生线上积极学习行为的重要保障。基础环境的搭建只是应用的基础，而线上教学要想更好地开展，教学支持是关键因素。

组织线上教学活动的任务包括：学习活动安排、学习时长确定、学习资源准备、学习平台和学习工具的选择、学习评价实施等环节。良好的学习组织能够保证学生在线上教学虚拟课堂中掌握学习内容、学习方法，有效地、有趣地参与整个线上课堂学习。线上教学活动组织是对线上教学平台及资源的优化组合，营造学生线上课堂学习中的临场感，让学生在线上学习过程中的主体地位得到体现。

从宏观方面看，线上教学的服务支持包括政府、企业、学校的支持和配合。政企校的配合和互相支持有利于构建支持线上教学开展的社会大环境。线上教学的服务支持有利于构建和谐的线上教学师生关系，有利于促进学生的学习疑难问题在线上教学平台上得到解决。从微观方面看，主要体现为教学平台、教学工具、教学资源的支持。

（一）教学平台

教学平台作为连接教师与学生、承载各类教学资源的桥梁，对线上教学活动开展非常重要。下面主要介绍两大类线上教学平台：直播类线上教学平台、资源类线上教学平台。

1. 直播类平台

直播类平台的特点是：将教学内容进行实时展播，学生、教师可实现线上同步课堂；直播类线上教学平台针对大班额，可以充分实现资源合理配置和共享。

直播类教学平台能更充分地还原线下课堂形式，有利于学生对学习内容、学习方法的掌握。随着更多企业投入直播平台的建设，直播类教学平台将会越来越多。在所有直播类教学平台中，有些平台的工具属性较明显，注重平台操作和功能的设计，体现教学中的桥梁、纽带作用，例如阿里旗下钉钉、腾讯旗下腾讯会议。这些平台本身不带教学资源，在教学过程中主要支持教学内容实时展播及师生实时交互，教师可以通过自己的教学手段最大限度模拟课堂教学，加强学生对线上学习过程的参与。大部分平台具备回看功能，存储的录播课本就是教学资源，供组织内部观看，不对外开放，例如钉钉、QQ 群直播这类以固定组织为基础的直播。

2. 资源类平台

资源类平台的特点是：提供大量教学资源，包括直播课、录播课、教学视频、教学课件等各类教学资源，学生根据自身情况自定步调学习。只有具备直播功能的平台才能实现语音、视频互动，其余平台支持教师以静态资源或者异步文字、语音、视频等互动方式进行教学。相应地，后者对网络传输速率的要求有所降低。

3. 平台选择依据

线上教学平台的选择除考虑平台本身功能外，还需要关注平台的硬核参数。平台参数的核心就是各类与用户终端所对应的服务器，服务器计算机集群关系着线上教学平台的同时线上学习人数容量。众多教育平台各有优势，同时其功能在逐渐完善、趋同。在平台容量、网络、输出带宽等环境固定的情况下，用户的无限增加可能使得具有庞大服务器计算机集群的线上教学平台也出现卡顿、无法访问、排队进入等问题。

对于平台的选择，余建波教授认为视频会议工具很成熟，并重点推荐 ZOOM 云会议。ZOOM 软件默认人数为 100 人，人数可以扩充，教师可以通过这个软件分享屏幕和自己的头像。该软件还可以支持白板，通过设备屏幕实现触摸手写功能会更好。对于平台的选择，建议根据实际情况，中小学可以直接将原有具备教学组织又具备视频会议功能的平台，例如 QQ、微信、钉钉等通信软件直接升级为教学直播平台，不需要更换平台。各类平台都在不断优化、趋同，例如电子白板功能，原理并不复杂。

（二）教学工具

教学工具是线上教学活动中教师、学生的重要教学辅助工具。教学工具是指除教学平台以外的其他可以实现信息化教学的软件。这类软件作为教学辅助工具，能补充和提供除平台所提供的基本功能之外的个别化功能。不同学科存在学科性质和教学内容差异，线上教学过程中需要运用对应的学科数字化教学资源。符合学情和课程特点的线上教学辅助工具可以有效开发利用这些已有数字化教学资源，是线上教学的必要支持。

1. 教学工具分类

在分析和总结各类线上教学工具基础上，将线上教学软件进行分类。根据各类线上教学软件的特点，可分为资源设计支持工具、学科支持工具、课程库支持工具、评测内容支持工具、具体的线上教学工具。

2. 线上教学工具在学科中的应用

不同类型的线上教学软件有不同的功能和特征，应根据学科特点、线上教学特点选择线上教学软件，要注重适切性和有效性。

（三）教学资源

这里的教学资源主要是指在时空环境、硬件环境、教学平台、教学工具的作用下产生的教学内容，包括两部分内容：教师用的资源和学生用的资源。教学资源是线上教学的核心，也是自主学习的核心。

学生用的教学资源包括：电子教科书（图片、文字），教学资源包（图片、文字、视频），教师直播课（教师讲解，教师实时提问，教师实时回答问题），教师录播课（教师讲解，教师非实时提问，教师非实时回答问题）。

教师用的教学资源由两方面构成。一方面以学设教。教师要根据自己的知识体系及学生的学习现状，使知识以学生易于理解的方式进行整合呈现，综合选用文字、图片、视频。教师精心整合出的教学资源可以帮助学生快速理解教学内容。另一方面是优化资源。教师通过对学生提问的解答、作业的反馈、各类测试的成绩和教学互动数据，对自己整合出的教学资源进行评价，以了解自己的教学资源有哪些问题，从而进行下一轮教学资源的优化整合。

优质的教学资源通过录制的方式生成、共享、优化，教师可把更多精力放在教学资源的开发、优化上。通过在互联网上共享或迭代，让海量的优质教学资源流动起来，这样就可以实现类似李昊提出的教学资源良性循环关系链条：资源评价—资源开发—资源使用—资源评价。

丰富适切的教学资源是学生自主学习的必备条件。学生能否学会知识、达成目标取决于知识本身的呈现形式，以及知识与学生的基础和理解能力的匹配程度。教师不能教会学生，但可以提供学习资源以更适合学生去学习、理解、内化。线上解答交流就是具有这些特点的典型过程。如果通过预设的教学资源（如课本、微课、视频）或者教学流程，学生依然无法理解学习内容，教师就需要发挥教学智慧，基于学生的困惑，用其他方式为学习者解除困扰。当教师用这种方式成功解答学生的困惑时，这个过程也可以录制下来，经过再次编辑和组织成为一种可以被遇到类似问题的其他学生借鉴的教学资源。

五、线上教学形式和平台

随着互联网技术的飞速发展，教学形式也在发生变化。早在 20 世纪 60 年代，被誉为"鼠标之父"的美国发明家道格拉斯·恩格尔巴特在一篇名为《增进人类智慧：斯坦福研究院的一个概念框架》的研究计划中，就强调了计算机可以作为一种增进智慧的协作工具被应用到工作和学习中。从那时起，就有许多对计算机感兴趣的教育专家进行了大量的研究，把计算机技术推广到教学过程中。从 2008 年开始，全球已经有许多知名的教育工作者都采用了这种课程结构，并成功地在各国大学主办了他们自己的大规模网络开放课堂。

2011 年，斯坦福大学的两位教授开设了"人工智能导论"在线课程，全球有 16 万名学生参与学习，掀起了在线学习浪潮。在传统线下教学中，教师根据学生的先修课程分析学情，制订一个适合大多数学生的教学计划。而在在线课程中，教师通过在线平台分析每一个学生的学习情况，有针对性地实施教学，实现个性化教学，这样更能适应时代发展的需求。

（一）慕课

习近平总书记指出："要运用新媒体新技术使工作活起来，推动思想政治工作传统优势同信息技术高度融合，增强时代感和吸引力。"随着新技术的发展，高校课程教学和互联网信息技术的融合日益加深，所有高校课程都应紧跟时代脉搏、与时俱进，在尊重教育教学普遍规律基础上，运用新媒体、新技术丰富教学内容、创新教育模式和师生互动机制，让高校课堂更具时代感和吸引力。

近年来，出现了大量利用互联网进行教育教学的平台，线上开放课程蓬勃兴起，慕课就是代表。在线课程学习方式的多元化、不受时空条件限制的灵活性激发了学生学习热情，增强了学生学习体验感和探究能力，从而迎来了大量受众。

1. 慕课的定义

慕课的英文全称是"Massive Open Online Courses"，缩写为"MOOC"，慕课为"MOOC"的音译叫法。慕课是"互联网＋教育"的产物。"M"代表 Massive（大规模），与传统课程只有几十个或几百个学生不同，一门慕课参与人数动辄上万人，最多达 16 万人；第二个字母"O"代表 Open（开放），以兴趣为导向，凡是想学习的人都可以进来学，不分国籍，只需一个邮箱就可注册参与；第三个字母"O"代表 Online（在线），学习在网上完成，不受时空限制；第四个字母"C"代表 Course（课程）。把每个单词的意思相连，我们不难得出"MOOC"的中文翻译为"大规模开放在线课程"，国内简称为"慕课"。值得注意的是，国内也有些文章将"MOOC"中文翻译为"大规模在线开放课程"。虽然有两种不同的翻译，但是本书还是将"MOOC"翻译为被国内教育类核心期刊，如《教育研究》等所使用的"大规模开放在线课程"。

2. 慕课的特点

将慕课的英文全称翻译过来就能够归纳出慕课的三大特点，分别是大规模、开放以及在线。其中"大规模"就是说不会限制上课学生的数量，可以接受数量巨大的学生。"在线"主要指的是慕课的学习主要是在网络上进行，不会受到时间和空间的影响。"开放"主要指的是不管是来自哪里的学习者，他们都能够在网络上学到来自世界不同学校、不同组织发布的优质课程。

3. 慕课的优势和不足

与传统线下课堂教学相比，慕课拥有以下优势：①慕课是免费资源，所有对课程感兴趣的学生注册后均可学习。②知识碎片化，慕课将复杂的理论知识分解为多个 10 分钟左右的短视频，学生不懂的地方可以反复回放。学生根据自身学习情况掌握学习节奏，基础好的同学可以在较短时间内完成学习，也可以跳过比较容易的部分；基础较差的同学可以在任何一个地方让"老师"停下来，也可以让"老师"再讲一遍甚至更多遍，直至完全掌握学习内容。③设置了在线测试、答疑和讨论环节，丰富了课堂形式，激发了学生的学习兴趣，提高了学生自主学习的意识。④对于学生来讲，可以自由支配学习时间、学习地点，只要通过电脑、手机、平板等设备，就可以在任何时间、任何地点学习；也可以充分利用零碎时间，提高学习效率。⑤对于教师来讲，要想录制一门好的慕课，对待每一个知识点都必须经过精心编排和反复推敲，这样得到的教学资源一定是最"精细化"

的，教学效果也一定是最好的。以高校学生为例，如果学生没有考到清华、北大等名校，完全可以通过慕课平台学习，提高自己。

然而，慕课也存在明显的不足。首要问题是师生缺乏面对面交流，学生之间也缺乏分组讨论和协作。其次是学生通过慕课学习获取的学分很难得到工作单位的认同，接受在线教育的学生的就业率远远低于接受传统授课模式的学生。最后，慕课并不适用于所有学生，它要求学生必须有较高的自觉性和自律性。而大多数学生都是在应试环境下长大的，在没有老师和家长监督的情况下很难坚持认真学习，所以课程通过率低，学生拖延症比较明显，中途放弃学习的学生比较多。而且慕课也不能完全实现个别化辅导，在慕课的录制过程中，教师只是凭借教学经验对可能出现的问题给出指导，无法解决学习过程中的所有问题。

4. 慕课的应用策略

（1）组建专业的慕课教育团队

要想促进慕课在教学中的应用，应组建专业性强、综合素质高的慕课教育团队。因此，开展教学前，教师应参加信息技术培训，提升自身的教学能力及慕课应用水平。

慕课教育团队的任务主要包括以下两方面内容：其一是对课程内容的合理选定，其二是针对慕课技术进行合理化指导。负责选定教学内容的教师需要具备较强的总结归纳能力，能够在多样化的材料中筛选出有价值的内容，还要依据不同专业学生的个性化需求合理选定教学内容，再由教学团队确定重难点知识；并依据重难点知识制作具有趣味性的教学视频，激发学生的学习欲望，引导学生完成在线学习。而负责慕课技术指导的教师需要录制、编辑及上传视频，保证慕课教学工作有序开展。

（2）合理设置问题，引导学生自主学习

在慕课教育团队的支持下，教师应遵循教学大纲合理设计课程，为学生选择有价值的内容并设置相关问题，引导学生进行专业学习；把各种学习内容以打包的形式发送给学生，让学生完成打卡观看学习的任务。

慕课不仅教学资源丰富，还能打破时间和空间的限制，使学生依据自身情况进行重复观看。所以，教师要积极引导学生利用课余时间进行碎片式学习、移动式学习，直到全面掌握所学知识。在慕课教学中，对于抽象、系统的内容，应开展讨论，让学生都能踊跃参与其中。教师应加强与学生的互动，对学生提出的问题进行专业解答。

与此同时，教师要注意统计学生的慕课学习情况，掌握学生的实际学习状态，再依据学生的情况进行分层次教学，以提升教学的针对性。对学生学习行为数据的收集及系统分析有利于突破教学的重难点，让学生获得良好的学习体验。

（3）鼓励学生进行小组合作学习

教师在教学中应用慕课时，应积极开展小组合作学习，让学生之间进行良好的互动，共同学习，共同进步。在学习过程中如果遇到探究性内容，教师要鼓励学生以小组合作的形式共同探讨。为了提高小组学习质量，教师首先要确定合适的慕课教学内容，再安排学生进行小组学习并提出相关要求，让学生在小组中对各种问题进行深层次的探究和讨论。小组成员在讨论学习过程中，其经验及学习意识等都会得到丰富和强化。必要时，教师要融入学生群体，与学生展开互动，引导学生学习和讨论更深层次的内容。为检验教学成果，教师要留出一部分时间检验各小组的学习效果，并制定奖励机制，实现各小组之间的良性竞争，营造良好的学习氛围。

（4）做好慕课与传统教学手段的衔接

慕课与传统教学手段的衔接至关重要。因此，为提高教学效果，教师要做好慕课与线下教学的有效衔接，使二者无缝对接且相辅相成、相互促进。这样既能激发学生的学习兴趣，促进学生自主学习，又能使学生做好课前预习、课堂学习和课后复习的有效衔接，使知识学习自成一体且相得益彰。以英语教学为例，教师可以先为学生播放英语视频，利用多媒体技术激发学生的学习欲望，再让学生观看视频，完成视频中各项学习任务。

（5）积极开展线上教学

慕课在教学中的应用，既能实现教学内容的多样化，又能丰富教学手段，从而拓展教学的空间，加大教学的力度。

（6）依据慕课对学生进行综合性评价

教师应当依据慕课对学生进行综合性评价，督促学生在规定时间内完成学习任务并检验学生的学习效果，掌握其薄弱环节，使学生在后续学习中更具针对性和专业性。与此同时，教师要把学生平时在慕课学习中的学习状态作为最终的考核依据，最大限度地体现出慕课在教学中的应用价值。

教师开展课程综合性评价时，主要包括以下两方面内容：第一，依据学期的学习要求考核学生水平。第二，要认识到成绩并不是唯一的评价标准，还要重视对慕课学习数据的分析，统计学生的在线学习时长、作业完成情况、学习态度、课堂互动情况等，实施过程性评价，从而提高教学评价的科学性和准确性。

（二）SPOC

1. SPOC 的定义

小规模限制性在线课程的英文简称为"SPOC（Small Private Online Course）"。"Small"指规模小，通常面向高校某门课程的学生开放，学生人数为几十到几百人；"Private"指准入条件限制，只有某门课程学生才能学习。该课程要求在线学习者在规定时间内完成相应的视频学习、在线讨论、在线测试，合格后获得证书。一般情况下不允许学生中途放弃课程。"SPOC"模式的特点在于，它的目的是将整体的课堂内容进行分解学习。

2. SPOC 的优点

①SPOC 比起单纯的 MOOC 产生了更有效、灵活的学习效果，通过缩小学生规模、为学生定制课程，利用 MOOC 中大量的教学资源和数据，提供更专业、更强大的教学支持。

②强化学生课程体验，提升学习效果。SPOC 更加注重学生的学习过程体验，将一些环节的教学内容分解开来，转移到线下让学生进行自主学习。在线下，教师以与学生进行互动为主，烘托课堂氛围。SPOC 的优点还在于始终以学生为主，各个教学环节都充分从学生的需求出发，更突显了以人为本的思想。SPOC 有利于实现个性化学习的教学目标，也为个性化学习的教学模式提供了具体环节的模式设定。课下自主学习、小组分工协作等形式都是个性化学习的体现。

③增强教师对课程的掌控，激发教学活力。SPOC 重新定义了教师在整个课程建设中的作用，更大程度上发挥了教师的智慧与资源优势。教师为了更好地设计、经营课程，通过学习、阅览平台资源，不断整合课程资料，汲取营养，活跃思维，深入思考，从而获得更大的教学启发。

（三）云课堂

2018 年，教育部在《教育信息化 2.0 行动计划》中提出："提升慕课服务，汇聚高校、企业等各方力量，提供精品大规模在线开放课程，达成优质的个性化学习体验，满足学习者、教学者和管理者的个性化需求。"在线开放课程的实现需要平台的支持。"云课堂"是一种基于云计算技术的教学平台，使用者只需通过平台的客户端界面，便可简单、快捷地实现教师与学生、学生与学生、家长与学校之间的实时互动，同步分享各类数据资源，符合在线开放课程所需的必备条件。

1. 网络教学平台的选择

一切为了教学的需求而搭建的平台都可以称为教学平台。教学平台正逐步由传统的以课堂、教师为主的教学平台转变为以网络为主的教学平台。随着网络技术的不断发展，网络教学平台的数量越来越多，功能越来越完善。教师对网络教学平台的需求主要体现在以下几个方面：

①能轻松管理自己的班级，随时上传资源，开展形式多样的教学活动。

②能够详尽地记录学生的学习行为并及时分析这些行为，形成报告反馈给相关教师和学生。

③能够对每位学生的学习成效进行评价，并一键汇总生成过程性评价结果。

④能够运用大数据技术以及人工智能技术辅助教师教学，提高教学效率，促进学生成长。

⑤多平台支持，在 PC 端、Mac 端和移动终端等都能够便捷地操作。

⑥能够永久免费使用。

2. 云班课教学平台

在云班课教学系统中，教师可以随时进行互动式教学活动，如发布头脑风暴来集思广益、发布限时的活动任务、共享交流探究成果等。教师发布的所有课程信息、学习要求、微型视频和其他学习资源都会立即上传到系统，学生登录自己的账号后即可查看并进行学习；同时在每个学习项目结束后教师可以查看每个学生的学习情况并评估其学习效果。

这是一款真正的课堂互动系统，实现了教师与学生间的即时互动。云班课教学平台具备以下功能。

（1）实现移动教学场景

师生不仅可以在电脑端、网页端登录使用，还可以在移动端登录使用。移动端登录可以实现实时教学与学习，教师可以实时对资源进行推送（资源可以以文档、图片或网页链接的方式上传），活动任务以及通知可以进行及时发布并设置提交时间（活动任务可以设置为小组划分的方式，设置评分方式、作业分值，这样就可以实现小组互评），也可以对学生的活动任务进行检查和反馈；学生可以实时查看自己的学习情况与教师的反馈并进行反思与改进。教师也可以实现同屏，在移动端进行投屏后就可以脱离讲台和计算机。在移动端进行操作方便教师深入课堂，观察学生的探究和学习过程。

（2）生成大数据

云班课平台会详细地记录学生的学习行为，以雷达图的形式生成个人综合评价报告，并以文字的形式描述出来。汇总生成学生学习的总情况，如参与了什么样的活动任务，包括查看了多少资源、参与了多少次活动等。这样有利于教师对每个学生的总体学习情况进行了解，提高了评价效率。

（四）雨课堂

雨课堂是清华大学和学堂在线设计开发的一个为高等教育服务的教学工具。雨课堂以 PPT 插件的形式存在，以智能手机和微信为媒介，将课堂内外紧密结合起来，形成良好的教学互动，有利于对学生学习过程的控制。同时，教师可以把微课视频和任务上传到雨课堂，让学生进行线上学习。

1. 雨课堂的特点

第一，雨课堂具有低投入、简单易用、个性化的特点。首先是低投入的特点。对于上课主要运用 PPT 课件的学校而言，雨课堂是比较好的选择，其本质是 PPT 软件的一个小插件，具有体积小、功能强大的特点。其次，简单易用。雨课堂的操作很简便：在课前，可以直接插入优质视频资源并用微信推送到学生端；在课中，教师只需要将 PPT 和微信相关联，然后用手机控制屏幕，这样就形成了智慧教室。最后是个性化的特点。雨课堂可以对教学环节进行数据分析，量化学生学习效果，以便了解学生学习情况并进行"因材施教"。例如，教师在课前给学生推送与本节课学习相关的内容，如本节课的授课内容、与本节课相关的视频资源、自主学习测试题等；学生进行预习，并在存在疑惑的地方单击相应的"不懂"按钮。然后教师通过雨课堂收到学生"不懂"的反馈，判定学生学习需求，对相应的教学内容和方法做出调整；并通过雨课堂推送相关补充材料，同时也注重课堂授课时对学生遇到的难点进行讲授，以提高教学效果。

2. 雨课堂的操作流程

一是下载和安装雨课堂教学平台，该平台具有手机版和电脑版两个版本，在本书中是指电脑版的雨课堂平台。二是通过雨课堂平台和微信创建自己的班级。三是利用雨课堂进行教学，具体来说，在课前进行教学设计后制作并发布"雨课"PPT，然后根据雨课堂提供的学生学习数据反馈调整教学设计；在课后通过分析学生在课堂教学中的表现，制作个性化学习资源并利用雨课堂推送，同时还可利用雨课堂制作并发布试卷或作业。

六、线上教学设计

（一）线上教学设计相关理论

1. 行为主义学习理论

行为主义学习理论的产生可以追溯到 20 世纪初，其代表人物有华生、巴普洛夫、桑代克、斯金纳等。行为主义认为学习者对于外部环境所给予的刺激做出具体反应的过程就是学习的过程，因此强调将学习者内在因素与外部的环境建立适当的联系；学习者所表现出的行为并不是先天具备，而是通过学习获得的。斯金纳的操作性条件反射理论中强调了强化对于反应出现的重要作用，基于此理论在教学过程中采用相应的强化措施，有助于加强学习者的学习。

行为主义学习理论的重点是行为以及如何利用外部环境塑造个人的行为。因此，教学设计者的主要职责是对有助于学习者学习的突发事件进行识别和排序。教师应将教学目标陈述为学习者的行为，学习是从行为中推断出来的。教学设计者的一个重要任务是确定目标行为以及将目标行为分解为一组简单的行为，并将其按顺序排列以帮助学生朝目标迈进。

2. 认知主义学习理论

认知主义在教学中的应用具有很大潜力，其信息处理方法将注意力从学习的产出或结果转移到了教学和学习的过程中。在认知主义理论发展过程中，麦克格里曾介绍一个研究团队的发现，该团队在研究中发现了六种阅读理解的专家策略：理解阅读的目的、激活相关背景知识、注意力的分配、评估内容的内在一致性和与先前知识的兼容性、监控阅读过程中理解、测试推论。可以发现这种互惠式教学与教学设计的要素十分相似，无论是阅读文本还是学习活动中的互动设计，对学习者来说都是十分必要的；否则学习者很容易在学习结束后只保留很少的即时学习事件以外的东西。

认知主义理论指导下教学设计的目标应该是关注学习者的需求与兴趣，反映社会关注。学习者不是被动地接受知识，而是在与外界环境不断发生相互作用的过程中主动获取知识，学习者的认知能力和认知方式都在不断发展。因此布鲁纳在教学设计中十分关注学习者的学习过程，并提出了发现学习法。认知主义学派的研究者普遍强调在教学设计中要关注学习的过程，加涅不仅提出五大学习结果以及信息加工理论，还主张在教学设计实践中要根据信息加工和认知规律对教学内容进行组织，从而提高学习者的学习效果，使其牢固掌握学习内容。

3.建构主义学习理论

与行为主义和认知主义理论相似，建构主义理论也有多种形式。基本的区别是，行为主义者把知识看作对环境中外部因素的自动反应，认知主义者把知识看作人们头脑中的抽象表征，而建构主义学派把知识看作每个学习者通过学习过程所建构的意义。因此，知识不能从一个人大脑中传递到另一个人大脑中，它必须由每个人来重建。这意味着建构主义的知识观不同于行为主义和认知主义的客观主义知识观，建构主义是一种主观主义。建构主义理论将学习描述为在经验建构的意义上发生改变。学习是由学生现有知识、社会环境和要解决的问题之间的复杂相互作用构成的。因此，教学设计人员面临的挑战是要提出好的问题，开展小组学习活动并指导知识建构过程。

（二）线上课程教学设计和实施

1.选取合适的线上教育平台

以新冠肺炎疫情防控期间的大连财经学院为例，选取的是超星网络教学平台。在该平台上，教师不仅可以上传教学大纲、学习要求、教学视频、课程内容PPT、作业等，也可以发起签到、投票、问卷、抢答等活动，还可以给学生发布分组任务。学生可以利用电脑、平板、手机等设备登录超星网络平台在线观看教学视频，完成作业和教师布置的各项任务。

2.教学内容设计

以"概率论与数理统计"为例，这门课程是大学普遍开设的一门公共基础课，是从数量化的角度来研究现实世界中随机现象的一门数学学科。由于该课程本身理论性较强，内容过于抽象，加之文科统招的学生数学基础较差，不免对这门课程有畏惧心理。对于学生而言，因为是第一次通过在线课堂学习，难免会有一些同学不认真学习。所以，首先要组成多人的教师团队，根据教学大纲制定特殊时期的教学任务。在第一次在线课堂进行课程介绍时，教师给学生举了三个例子，分别是三门问题、抽签问题和两个人生日在同一天的概率问题，让学生凭直觉给出三个问题的答案。当学生发现问题的答案与直觉不一样时，会引起学生的好奇心，进而激发学生对这门课程的学习兴趣。在课程内容的设计上可适当增加一些生活中的小例子，让学生感受到这门课趣味性和实用性都很强。

3. 教学模式设计

（1）课前阶段

在选好线上教育平台，并且根据本校学生实际情况和教学大纲设计好教学内容后，接下来要做的就是整个教学环节中最重要的，即教学视频的创建。安排优秀教师根据教学大纲和制定好的教学任务自行创建教学视频；也可以利用网络上优秀的教学资源，只是这些资源可能不符合实际的教学目标，所以必须对教学设计环节和教学视频录制环节严格把关，制作当下最适合本校学生的视频课程。视频的录制可采用多种方式，如 PPT 屏幕录制、EV 录屏等。

（2）课中阶段

安排学生通过观看教学视频自主学习，由于个别学生自控力差，教师在视频播放过程中可以插入一些对基本概念的考查环节。如果学生因注意力不集中导致答题错误的话，必须回到上一个任务点重新学习，这样就迫使学生在学习的过程中必须认真学习。课程学习结束后，再给学生适当布置练习题，考虑到数学课程的特殊性——需要大量的演示和推导过程，所以对于练习题的讲解，应充分利用白板功能演示推导过程，让学生更容易理解和接受。在每节课的最后安排小测试，合格的同学即完成本节课的学习任务，不合格的同学重新观看教学视频，进行新的测试，直到成绩合格。

在整个教学过程中，均由学生自主独立完成，这也就要求学生要有很强的自觉性。为了监督学生，可以利用连麦答题、随机点名、投稿、投票等在线互动功能，充分调动学生的学习积极性，吸引学生参与到在线课堂学习当中；也可以增加课堂讨论环节，采用分组的形式，由小组内部讨论解决，对于仍未解决的问题，由组长记录总结。

（3）课后阶段

考虑到线上教学的特殊性，即无法及时地实现个别化辅导，教师应每周安排一到两次统一的在线答疑辅导。教师辅导的形式可以采用钉钉在线课堂、腾讯在线课堂等，把组长记录总结的问题在课堂上进行讲解。由于部分学生高中数学基础较差，可能还有畏难心理，所以在线辅导时教师可以先帮学生对知识点进行梳理，再解决学生在学习中遇到的问题，也可以适当地鼓励学生，提高其学习的积极性。考虑到个别同学可能因为个人原因无法按时参加在线答疑辅导，可以通过录屏等方式把辅导环节录制下来发给学生，这样就可以保证每一个学生都能跟上教师的进度。对于基础好的同学，可以引导学生在完成教师所布置作业的前提下，通过网络教学平台学习一些与本门课程相近的或是联系比较紧密的学科，实现教育过程中的个性化辅导，也有利于培养跨学科的复合型人才。

（4）学习效果的评价

对于每次课程的学习，教师可以设置定时发放，要求学生在规定的时间内完成学习，这样的话可以督促学生按时学习；也可以设置闯关模式，这就要求学生必须按照课程的章节顺序学习。课程结束后，教师还可以通过网络教学平台了解学生的学习时间、任务的完成情况、学生的课程学习进度及综合成绩等，这些都可以作为学习过程成绩考核的参考依据。同时也能通过统计学生作业情况，及时了解学生对哪一个知识点或是作业题掌握得不够扎实，方便答疑课为学生讲解，提升学生的学习效果。

面对突如其来的疫情，虽然教师在充分学习和反复讨论后进行了课程教学设计，但还是存在不足之处，如无法在课堂上直接地监督学生、无法及时地实现个别化辅导等。在今后的教学中，可以把这种新的教学模式和传统教学模式相结合，教师在课前充分利用慕课平台把更多优秀教师制作的视频集中起来，形成共享资源并放到指定网络教学平台，从而将更多的精力放在策划课堂深度学习上。学生课前可以利用网络教学平台学习，也可以利用在线测试了解自己的不足，这样不仅可以发挥学生自主学习的能动性，还可以提高学生的自主学习能力、应用能力和团队协作能力。课堂上教师有针对性地进行讲解，可以使学生充分吸收并理解学习内容，但同时这也对教师的能力提出了更高的要求。教师要不断提升自己的理论知识水平的广度和深度，同时也要不断改进教学方法、提高教学效率，实现教学效果最大化。

4.线上课程实施

①直（录）播课要做到音视同步，必要时可以邀请学生参与课程录制，提高学生观感。

②根据课程内容设置合理的"暂停提示"，给予学生思考的时间，防止视频灌输。

③充分利用学科工具，将抽象问题直观呈现。如利用动画、几何画板、放大镜、聚光灯等，不仅可以攻破难点，也可以吸引学生的注意力。

④充分利用现有的互动功能，如随机提问学生，展示学生过程性学习材料，即时点赞、点评学生。

⑤线上线下教学深度结合，形成合力。

⑥积极鼓励学生自主学习。

七、线上教学存在的问题和对策

（一）线上教学的主要问题

1. 线上课程挑战度不足，缺乏有效的学习策略

线上课程挑战度是指学生完成线上课程学习的难度、需要投入的时间和努力程度，体现在学生对于线上课程目标、要求以及课业负担等方面的线上学习体验。提升线上课程挑战度不仅可以激发学生挑战问题和困难的勇气，还可以培养学生对于知识的理解、整合以及综合运用的能力，对学生线上学习投入度有着正向的影响。学习策略是指学生积极参与线上课程和发散思维的方式，有效的学习策略可以增强学生的学习效果，激励学生的自信心，从而提升其线上学习投入度。从线上学习投入度的回归模型可知，线上课程的难度以及学习策略都会对大学生的线上学习投入度产生影响。也就是说，线上课程目标、难易程度以及课业负担越具有挑战性，越能够激发学生的求知欲，更能够提升其线上学习投入度。同时在保证学习时间投入足够的情况下，还要掌握有效的学习策略，将课程挑战度与有效的学习策略相结合，这样才能够达到事半功倍的效果。

2. 学生主动合作意识以及自主学习意识较薄弱

学生作为线上教育活动的主体，在整个线上学习过程中具有主观能动性，学生对线上课程的接受程度会直接影响学生的学习投入度。早在 1996 年，联合国教科文组织就在《教育——财富蕴藏在其中》一书中提到，教育的四大目标分别是学会求知、学会做事、学会合作、学会生存和发展。说明在教育活动中学生的合作意识和自主学习意识是非常重要的，学生在学习过程中积极主动地与他人进行合作交流，相互帮助、共同进步，不仅可以提升学生的社交能力以及分析并解决问题的能力，还可以帮助学生得到全面性的发展，培养学生的团队合作意识。从线上学习投入度的回归模型可知，合作交流学习程度与自主学习程度都会对学生线上学习投入度产生影响：其合作交流学习程度越强，则线上学习投入度越高；其自主学习程度越强，则线上学习投入度越高。而合作交流学习程度的强弱取决于学生是否具有主动合作交流的意识，自主学习程度的强弱取决于学生的自主学习意识。也就是说，学生的主动合作意识与自主学习意识共同决定了学生的主动合作学习水平。虽然大部分学生积极参与线上学习，但对于线上学习的课前准备不足，课程学习过程中主动思考并提问的情况并不是很多，而且将所学知识融会贯通的能力还需要进一步提升。同时也说明在没有教师监管的情况下，学

生仍然可以按时上网课，反映出学生对于线上学习模式还是比较认可的。但是在自主学习上仍然缺少主动性，自主学习的意识比较薄弱，缺乏良好的自主学习习惯。在合作交流学习程度上，其各个题项的得分均排在中间较靠前的位置，说明相较于自主学习，学生更倾向于与同学合作交流学习，但是其主动合作交流意识还是相对薄弱，有待进一步加强。综上所述，学生线上学习过程中的主动合作意识以及自主学习意识较薄弱。

3. 线上学习过程中师生互动不足

师生互动是教师在课堂教学中常用的一种调动课堂气氛的教学方法，主要是通过教与学的互动形式，在教师和学生的相互协作下完成课堂教学任务，以求达到最理想的教学效果。师生互动教学是一个多维度、多层次的互动过程，它不仅包括师生之间不同形式、不同性质、不同程度的互动和影响，还包括师生在一定的教学情境中通过信息交流和行为所发生的变化。无论是传统线下教学还是线上课程教学，都是在教师的教与学生的学之间进行的，在整个教学过程中师生之间必然存在着联系，两者之间相互影响，共同决定了整个教学过程的效果。因此，师生互动对于线上课程教学的有效开展与学生的全面发展具有非常重要的影响。在整个线上教学过程中，无论是正式的线上课程教学和专业的实践教学，还是课后的线上学习任务，都离不开师生之间的有效沟通以及反馈，都需要通过师生之间的密切互动来实现知识的传输、获取、积累以及再生产。这就意味着师生之间的有效互动会直接影响信息机制的建立与完善，进而影响线上教学效果。

目前在高校的线上教学活动中，师生互动方面还存在许多不足，需要提升师生之间的互动程度。

4. 教师缺乏线上教学技能培训

教师是集知识与教学技能于一体的现代化团体。然而线上教学的教学设计与教学方法与以往有很大的差别，教师使用教学平台进行教学要多掌握线上教学技能，以及不同的教学方法与教学内容设计。教师在教学上普遍专注于一线教学，只有极少数的教师有录播课的经验，但对于近几年兴起的线上教学经验不足，在摸索中进行，对课程平台搭建亦是一知半解，这就会限制其教学技能的发展。教学方法也在不断试错，这些无疑成为线上网络教学管理的"拦路虎"。教师线上教学技能的欠缺主要源于管理者对此不够重视，教师过去的教学经验中没有标杆可循，缺乏对新的教学模式系统的认识与课程开发的认知，导致教师在线上教学过程中先试错后熟练，这对线上教学质量有负面影响。

5. 学生线上学习经历欠缺

一般来说，线上课程教学和学习是高校教育中线上学习模式的基本内容，但丰富的线上学习经历也是不容忽视的。如各大高校的免费线上学习课程、线上学术交流论坛，以及与不同专业背景的同学进行线上交流等，拓展了学生学习和发展的领域，为学生带来更深层次的学习体验，进而使学生可以实现更加全面的发展。线上学习经历的丰富程度会直接影响线上学习投入度，线上学习的经历越丰富，学生对于线上学习就越熟悉，从而对于线上学习的接受程度以及投入度就越高。

6. 线上教学资源不足，缺少成熟的线上学习环境

互联网时代的到来促进了线上教育的发展，线上教育改变了社会教育资源的分配模式，促进了名师课堂、优秀课件、优质网络平台等优质教育资源的产生和发展，为教师和学生提供了最好的学习内容以及教学方法，有助于培养学生的自主学习能力，提高公众对线上教育的接受度和熟悉度，为线上教学的发展和深化奠定了坚实的基础。优质教育资源共享的实现不仅包括教师和学生之间，还包括城乡之间、城市内区域之间的共享和共建，在一定程度上有助于实现不同地区的教育公平。

虽然已经有部分高校开始实行线上教学方面的改革，但还没有普及，部分高校仍然缺少良好的线上学习环境以及资源，平时学生主要的学习场所仍然是课堂，学习形式比较单一。

（二）线上教学问题的成因

1. 线上课程内容的设计缺少挑战性和创新性

（1）在课程内容的设计上缺少设计理念，内容单一

目前，国家教育部门对本科教育问题高度重视，并提出要适当给大学生增负，提高学术挑战度。而提升学术挑战度主要是提高课程设计水平，即课程应具有一定的创新性和挑战性。优秀的课程内容设计可以激发学生的学习兴趣，引导学生积极探索新知识，愿意投入时间与教师进行新知识以及相关知识的交流。

学生长期进行线下课堂学习，已经习惯了线下课程的教学模式。因此在将线下课程模式转化为线上课程模式时，由于缺乏明确的教学目标和统一的标准，教师在进行线上课程内容设计时会习惯性地注重知识教学，出现将线下课程的内容不加修改地直接转移到线上课程中的现象，并不能完全发挥线上学习模式应有的效用。

（2）线上课程资源质量不高，同质化严重

随着互联网时代的到来，虽然许多高校应国家大力发展线上教育的号召陆续开始进行线上教育，但大部分高校也只是蜻蜓点水似的实施，因此，到目前为止并未形成较为成熟的线上教学模式。然而由于疫情的爆发，全国大规模地开展线上学习，使得并不成熟的线上教学模式被大规模地使用，以至于教师对于线上课程难度的把握不够精确，在课程设计上存在内容陈旧、更新不及时等方面的不足，使得线上课程资源的质量不高，同质化现象严重。

2. 学生缺乏足够的自制力以及主动探索未知的意识

线上学习环境孤立，如果缺乏足够的自制力，容易被消极因素影响，因此学生在学习过程中需要全身心地投入，做到心无旁骛。这就需要学生具有足够的自制力和顽强的意志力。线下课堂教学过程中，教师的督促以及同学之间的交流形成了良好的学习氛围，使得学生在上课时容易保持注意力的集中。而线上学习环境与线下学习环境是截然不同的，线上学习环境孤立，往往是一群人在不同的地方听一个老师讲课，只能在虚拟的网络环境中学习，相比其他学习模式来说更加的枯燥乏味。

3. 教师监督力度弱，学生缺乏课堂参与意识

（1）线上教师的监督力度薄弱

由于疫情的爆发，全国开展了大规模的线上教学，教师与学生之间需要隔着屏幕以互联网为媒介进行沟通，使得教师在该环境下的地位发生了改变，教学模式也发生了变化。教师在教学过程中不仅要安排好课程，还要考虑与学生的互动形式。但是因为线上学习模式是一种完完全全的线上教学，学生进行线上学习过程中虽然有教师的引导，但是缺少了像传统课堂教学那样面对面的交流与沟通，教师无法掌握学生的专注度。教师虽然可以通过技术手段了解到学生是否在上课，但是却无法了解此时的学生处于什么样的客观环境，更无法知晓学生的上课状态如何：是在认真听课记笔记，还是走神或忙自己的事情？线上学习模式产生的师生之间的空间距离使得老师有时并不能及时给予学生问题的反馈，无法有效地对学生进行监督，导致部分学生缺乏与教师进行线上交流互动的积极性，与老师的互动不够及时、深入，这在一定程度上对于学生的在线学习投入度是有影响的。

（2）学生缺乏课堂参与意识，师生互动处于不平衡状态

师生互动缺失会对高校教学效果产生不好的影响。在教学过程中师生互动缺失的状态下，少数师生之间也会出现考克斯所谓的"偶然性互动"。考克斯认为

偶然性互动虽然是师生在某种场合偶然相遇时发生的无意识的、浅层次的互动，但这种偶然性的接触可能会对未来师生之间的深入互动产生影响。这就意味着，虽然在目前的教学活动中师生之间并没有实质性的互动，但这种教与学的活动已经初步建立了一种师生之间的隐形关系，在未来的教学活动中，师生之间极有可能开始新的更紧密的互动。因此，教师要珍惜每一次与学生进行互动的机会，因为每一次师生之间偶然发生的互动，都有可能对未来师生之间更加亲密的互动产生潜移默化的影响。

目前我国各高校的线上课程教学大都以教师为中心，学生处于从属地位。在这种教学模式下，教学信息主要是从教师向学生单向流动的，而来自学生的信息反馈相对较少，很难看到学生对于提高教学效果的积极诉求。这就使得本应是双向互动的信息流动过程呈现出不平衡的态势。严格来说，以教师为中心的互动不能视为真正意义上的师生互动，而只是单向的信息传递和关系连接，这就使得线上教学效果以及知识再生产的效果大大降低。

另外，学生在学习过程中出于对教师的敬畏之心，一般无必要不会主动与老师进行学习及生活方面的交流。而且在课堂教学过程中，如果老师不点名提问，学生一般很少会积极主动地提出问题或回答问题，严重缺乏课堂参与意识，导致教师在教学过程中总是得不到学生的积极配合。这对于师生之间的有效互动也是非常不利的。

4. 教师缺乏线上课程教学的相关经历

在全国高等学校质量保障机构联盟秘书处委托厦门大学教师发展中心开展的线上教学情况调查中，对于疫情之前高校教师的线上教学经历情况的调查结果显示，有80%教师在疫情之前并未开展过线上教学，即对于这些教师来说线上教学模式是一种全新的教学模式。还有相关研究显示，由于教师缺乏网络教学经验，教师不知道如何与学生进行有效的线上师生互动。因此，虽然教师对于网络教学抱有积极的态度，但同时他们也存在许多顾虑；再加上许多学校在大规模开展线上课程之前缺乏对教师线上课程教学以及设计方面的相关培训，这就导致许多教师对于现代信息技术的应用能力差，缺少线上课程教学的相关经验，对线上课程内容的设计缺乏挑战度和创新性。

5. 线上教学平台专业性不强

参与线上教学的师生近千万，要保证近千万的用户顺利实施大规模的线上教学，需要强大的网络承载能力和具有专业性的教学平台作为支撑。教学平台的功能特征对教学质量有显著的影响。但目前常用的教学平台都不够完善，导致教学质量管理工作事倍功半。师生都会采用 2 ～ 3 种电子设备进行线上学习，如果只使用一种设备，上课中途会出现网络卡顿或者终端设备反应不灵敏问题，影响听课质量。教师上课之前总是担心平台媒介出现问题，导致教学进度不能按照计划进行。目前线上教学对教学终端设备的要求较高，但终端设备无法永远保持高效能的状态。

教学平台存在技术问题。教学平台是否稳定运行是线上教学参与者经常担心的问题。当前通信基站的容量限制导致平台无法容纳较多的人，教学平台的现实技术问题导致线上教学心有余而力不足。目前平台程序本身无法保证时时刻刻运行大文件或承载过多的人数，进而出现画面音质不清晰、网络卡顿等现象。当平台技术达不到要求时就会造成教学不够流畅，教师端网络出现问题导致教学流程的停滞；学生端网络出现问题，学生个人会有学习流程不顺畅问题，从而导致学习质量达不到预期。在教学平台的开发思路上，我国的教学平台注重 PPT 的展示与录播课的上传以及开放性、签到等，极少关注智能技术以及学习资源的扩充、物联网的学习体验。同时，教学平台技术开发总是在其他领域相关智能发展较完善后再加以尝试，且大部分教学平台以营利为目的去开发新技术，所以导致各教学平台功能存在问题，导致线上教学质量难以保证。

6. 线上课程建设投入不足

线上课程建设是按照网络课程特点和学生特点以及人才发展规律来开发课程，重视线上课程建设是线上教学良性发展的内在要求。由于课程建设思想薄弱、队伍薄弱，缺乏线上课程建设规划，从而导致教学质量存在问题。就教师而言，线上教学经验不够丰富、意识不够前沿，对于线上课程没有一个完整的规划，没有固定的课程设置、排序、标准。疫情爆发之前，大部分高校并没有线上教学经验、线上教学质量管理经验，没有根据线上教学的特殊性制定出符合本校的线上课程制度、课程计划和课程目标。高校管理者在线上课程建设上没有投入足够的管理精力，缺乏课程管理的制度和战略规划，所以大规模的线上教学课程建设只停留在传统教学模式的课程建设层面。而追求传统教学模式下学生应获得的知识内容，并不适用于线上教学的课程体系。线上课程建设无法高效推进，其教学质量特别是在人才培养上必然达不到理想的效果。

（三）线上教学的提升策略

1. 提升在线课程挑战度，增强学术挑战意识

课程挑战度不足是我国高等教育发展面临的严峻问题，同样在线课程也存在

着挑战度不足的问题。早在 2008 年，清华大学就已经提出了"挑战性学习课程"的课堂教学模式，要求授课教师在进行课程内容的设计时能够设计出既具有价值又具有挑战性的内容，以达到激发学生的探索欲望以及学习兴趣的目的。同时通过高强度的师生互动以及生生互动使学生能够更好地获取相关知识并掌握多学科知识的综合运用能力，从而培养学生的团队合作意识、自主创新能力以及主动学习能力。

为了提升在线课程的挑战度，学校需要对教师进行在线课程目标设置、在线课程内容设计等方面的培训。学校可以采取以下策略：学校应该对教师进行全方位的培训，采取校内培训和名师培训相结合的形式。在培训的过程中可以结合教师熟悉的工作场景，将教师的实际工作内容与所要培训的内容相结合，开展在线学习的信息技术能力培训，在教师原有教学经验的基础上培养其在线教育技术能力，从而使教师的教学行为和信息化的教育教学环境相匹配。在掌握教师线下教学模式的基础上，将教师关于在线学习的全方位培训内容融入教师的日常教学中，让教师在自己熟悉的教学模式中熟悉新的教学内容，学习新的教学模式，改变自己的教育教学观念，创生新的在线教学经验。

具体来说，学校可以组织教育技术学专业以及计算机相关专业的人员组成专业的培训组，对教师进行在线教学平台的使用培训，详细说明腾讯课堂、腾讯会议、钉钉、雨课堂等相关软件的使用方法，完成从平台注册、建课、上传资料、相关知识点设置、课程发布、课上互动工具使用、课后课程任务布置、在线评价反馈等一系列完整的培训流程。同时学校还应该不定期地聘请国内各大高校的知名专家为教师进行微课、SPOC、慕课教学法的专项培训，使教师可以及时了解目前国内外信息化教学的前沿趋势，为更好地提升教师信息化教学能力以及对于在线课程内容设计的创新能力，为打造精品在线课程打下坚实的基础。

同时，也要求教师在进行在线课程内容的设计时需要考虑不同年级、不同专业的教学目标以及学业难度，将理论知识与实践相结合，合理安排在线课程难度。这样才能更好地提高学生的学术综合研究能力，使得学生掌握更加有效的在线学习策略，以提升学生的在线学习投入度。

2. 持续改善基础环境

（1）提高网络资源有效性

流畅的网络成为线上教学的一个关键节点。各互联网接入企业要统一网络标准，减少 2G、3G、4G、5G 并行对资源的重复建设浪费。增加运营商之间的有机合作，优化网络供给机制：运营商加大设备投入，实时掌握网速需求情况，动态调整资源分配，提高网络速度，增强网络服务器的中转能力，保证网速的通畅。

（2）尝试新技术教学终端

应用新技术教学终端的主要目的是：保护学生视力，提升电子屏幕阅览体验；限制电子学习设备学习期间网页浏览、娱乐、游戏等功能，减少学习干扰和注意力分散因素；利用新技术教学终端智能设计教学资源，提高教师资源制作效率，减少教师负担。

新技术教学终端如电子水墨屏。电子水墨屏依托 E-ink 电子墨水技术，E-ink 电子墨水技术是一种环境光反射式显示技术。它通过电压驱动微胶囊内的墨滴运动，在环境光下形成自然清晰的画面。电子水墨的效果非常接近传统印刷纸张，在环境光下可以自然舒适地呈现画面，又被称为"电子纸"。由于墨水屏是通过粒子的物理运动显示画面的，控制彩色粒子的移动所需时间就更长了，这就必然导致其刷新率低于传统显示屏，所以以前电子墨水屏只能适应刷新率不高的操作（电子读物、广告指示牌等）。但近几年，国内电子墨水屏企业自主研发的驱动技术已应用在灰度电子墨水显示器上，除了用于电脑办公一族读写文档等操作，还可以流畅地看视频、网页等动态画面，速度几乎可以和液晶屏相媲美。

电子墨水技术的屏幕可以有效降低各类自发光屏幕对眼睛的伤害，有效保护眼睛。目前常见的应用主要是电子阅读器，例如 Kindle 电子书、小米电子书等电子阅读器。电子墨水屏的使用可以有效解决电子产品屏幕对师生眼睛的伤害问题，保护师生身心健康。

（3）封闭学生终端

疫情防控期间，大部分学生使用的都是开放的电子设备，电子设备娱乐功能的吸引力远大于学习功能，不利于学生有效学习。定制封闭学习终端，例如七彩虹教育平板，家长、学校可以通过对娱乐功能的有效控制合理调控学生的学习应用，逐渐培养学生的自主学习能力。

3.提升学生自主学习能力和主动合作意识

（1）优化教学方式方法，培养学生自主学习意识

建构主义认为每一位善于运用教学策略的教师都应该具备一些基本能力，比如为学生创造良好交流及讨论的环境与机会、营造分析并解决问题的学术氛围等的能力。优化在线教学的方式方法，要求将过去传统教学中以教师为主体转变为教育信息化在线教学中以学生为主体的局面，在线教学过程强调的应该是对学生

思维上的训练，培养学生的发散思维，提升其自主学习能力，而不是知识的强制性灌输。

因此，教师在线上教学过程中首先要合理分配在线教学时间，引领学生结合相关专业知识分析其基本定义和规律之间的内在联系，鼓励并推动学生积极主动地开展专业相关学科的深层学习，从而在对所学知识进行了解、认知、反思总结的基础上帮助学生对知识进行重组建构，构建自己的知识体系。

其次，教师还应该多鼓励学生结合所学知识主动提出问题或参与讨论，通过小组讨论和报告等多种教学方式锻炼学生对于问题的分析能力以及合作探究能力，激发学生主动参与到在线课程中来的学习兴趣，培养学生的发散思维，帮助学生充分发挥其主观能动性，增强学生的自主学习意识。

最后，在教学内容的设计上，教师要设计一些有挑战性且有层次感的问题，帮助学生在掌握基础理论与知识的基础上引领学生积极思考，提升学生分析问题的能力。同时还要适当安排一些课后在线学习任务，并要求学生在规定时间内完成教师布置的在线课程作业，比如阅读大量网络文献、参与有价值的在线学术交流论坛、撰写小论文等。在教师收回作业后要快速对学生的在线课程作业进行批阅与评价反馈，及时将意见反馈给学生，让学生能够进一步了解自己的实际学习情况和作业中存在的问题，并根据教师反馈的意见进行修改，弥补自身的不足。

（2）注重综合能力的养成，培养合作交流意识

自主学习和合作交流学习是学生在线学习的重要方式。为了提升学生的综合能力，培养其合作交流意识，可以采取以下策略：首先，学生在在线学习过程中应该注重对所学知识进行重组和建构，要多思考如何将所学的理论知识与实践有效地结合，积极参加一些自己比较感兴趣的在线学术交流活动。在与同学进行学术交流的过程中了解自己的不足并改进，从而提高自己对于问题的理解、分析、整合、运用等多方面的综合能力。同时学生还应该积极主动地提出对于所学内容的疑问与困惑，主动与同学进行适当的沟通交流，合作完成在线课程任务，从而提升主动合作意识和自主学习能力。其次，学校还应该鼓励教师针对在线教学模式不断尝试新的教学方式，提供给学生尽可能多的独立思考的机会。培养学生养成自主学习的良好习惯，搭建属于自己的知识网络。鼓励学生大胆尝试探究自己感兴趣的问题，从而提升师生之间的亲密度，提高学生对在线课程学习的积极性，提升学生的自主学习能力和主动合作意识，从而提升学生的在线学习投入度。最后，教师也要在设计课程内容时不断创新，设计

一些需要学生与学生之间合作才可以完成的有意义的任务。鼓励学生主动去与同学沟通交流，使学生处于一个自由的、积极的、共同交流进步的学习情境中，培养学生的主动合作意识，发展团队精神，让学生从实践活动中切身体验合作的重要性。

4.搭建师生交流平台，增加师生互动

（1）搭建师生交流平台，提升师生互动程度

教师是学生努力学习的榜样，其极大的人格魅力、丰富的教学经验以及超强的学术能力都会对学生的情感、学习行为产生积极的影响，教师的有效引导对于学生学习过程中的主动合作学习水平以及生师互动程度都有着显著的促进作用。尤其在线上教学过程中，由于师生之间无法像传统线下课堂教学那样可以随时随地进行面对面的交流，师生之间的关系是以互联网为媒介，在知识层面的交流中建立起来的，这就显得师生之间有意义的互动或沟通尤为重要。因此，线上教学过程中积极的师生互动有利于构建良好的师生关系，有利于调动在线课堂教学的互动氛围，突显学生在教学过程中的主体地位，推动在线课程教学的开展，提升学生对于所学学科的兴趣，从而提高在线教学质量。

为了更好地提升在线师生互动程度，学校可以采取以下措施：首先，学校应该积极搭建师生在线交流平台，让教师可以第一时间了解学生在学习方面反馈的问题，及时给予回应和解答；让学生感受到教师对他们的重视以及关怀，从而增加师生之间的亲密度以及对学习的好感度，使得学生的在线学习效果和与教师的在线沟通频率有所提升，进而提升学生的在线学习投入度。

其次，学校还应该多举办一些可供师生共同参与的线上学术沙龙、线上师生交流会等线上活动，营造良好的学习氛围，以此来增加师生之间相互交流沟通的机会，进一步激发学生对在线课程的学习兴趣。

（2）积极主动与教师进行沟通

学生与教师互动频率的增加，有利于学生对某一领域的知识有更加深入的了解，同时也有利于学生与教师在课后进行有效的沟通与合作，形成良好的合作学习氛围。因此，学生应该积极主动地与老师进行在线沟通，使得教师可以了解学生的学习需求和学习中的困惑，及时解答学生对于所学内容的疑惑。

另外，教师也要充分发挥对学生的引导作用，主动融入学生群体中，多方面、多渠道地与学生进行在线课程内容、职业规划、学术观点等方面的沟通。始终秉持以学生为主体的观念，关心学生的学习、生活、想法，拉近师生之间的距离，增加师生之间的亲密度，以达到有效互动的目的。

　　由于在线学习有时会出现网络延迟、学生思考问题等现象，因此教师在授课时需要留出适当的"空白"，避免学生在出现网络延迟或思考问题时错过知识点、跟不上教师授课节奏的情况。同时教师在教学过程中还要关注学生的个体差异性，因材施教，为学生营造一个开放、自由的学习氛围，使学生处于一个放松的状态，能与教师进行有效的沟通。

　　5. 提高教学支持水平

　　（1）建设统一教学平台

　　疫情下各类平台呈现出百花齐放、百家争鸣的繁盛场景，后渐渐又恢复到疫情之前。随着时间的推移，钉钉平台存储的海量直播课逐渐被清空，只有国家中小学网络云平台的教学视频被保留了下来。国家应建设统一的基础知识教学平台，这个平台内既要包含国家中小学网络云平台的视频课程体系，还应该有钉钉的互动体系。教师、学生有自己的账号密码，通过大数据技术将教学轨迹一一保存下来，上学时全职学习，毕业后这个账号仍然保留，时刻都可以用以回顾知识，以实现个性化学习、终身学习。

　　（2）提升师生信息素养

　　教师应努力成为一个数字化教师，要提高自身优质教学资源的开发水平，不断增强信息甄别能力、获取能力，提高优秀资源使用效率。教师要努力成为一个全能的教师，线上教学实施过程中要发挥和提升自身对教学的组织能力、引导作用。教师进行线上教学设计时应充分了解学生情况，根据学习者特征和师生分离的实际合理设计教学活动；教师在线上教学实施过程中要发挥自身的组织者、引导者作用，要给予学生必要和适当的学习引导、监督，以保证学生能按要求参与学习、完成学习任务。

　　要加强对教师信息技术能力、素养的不间断培养，使他们为人师表，在终身学习的道路上为学生做好表率。教师信息素养的提高能增强线上教学后发动力，从资源的源头上进行提升。信息素养是处于信息时代的学生进入未来社会的必备核心素养，同时也是自主学习的必备素养。

　　（3）共享优质教学资源

　　共享开放的教学资源充分体现着线上教学共享优质教学资源的本质要求。传统班级授课制中的教师水平参差不齐，导致的后果就是很多学生想学，但是教师自己没有"一桶水"，对于一些问题的解答不能满足学生对于知识的需求，使得这些想学的学生学不懂，最终沦为不爱学习的人。共享的优质教学资源可以有效提高学生的学习兴趣，一定程度上解决教育不公平的问题。现阶段教科书是开放的、共享的、平等的，但是教学模式等资源都由各学校把控，并没有开放供所有学生使用，也带来了教育的公平讨论。

6. 创建完善的在线学习环境，创造在线学习机会

学校要为学生创建一个完善的在线学习环境，并提供尽可能多的在线教育资源，以此来丰富学生的在线教育经历，从而更好地提升学生在线学习投入度，树立正确的在线学习观念。因此，在对在线学习资源平台的建设上要始终坚持以学生的发展为主要目标，加强智能教室的建设，推进多媒体教学平台、移动学习终端等交互式多媒体设备进入班级；普及数字图书馆，建设虚拟仿真实训中心，丰富在线教育资源。创建完善的在线学习环境，满足教育者与受教育者在互联网背景下的教学、科研以及学习需求，为学生提供更加多元化的教育服务，以此来满足学生的自主学习需求以及对未知的探索欲望。另外，为了丰富学生的在线学习经历，学生应该主动了解有关"互联网＋教育"的一些热点问题，不断开阔视野，积极参与一些在线学习活动，深入感受并了解在线学习模式。

为了提升大学生的在线学习经历丰富度，首先要有尽可能多的在线学习机会，才能培养其在线学习兴趣。因此，学校应该大力倡导借助互联网媒介进行学习，鼓励学生通过在线课程学习自己感兴趣的课程，针对在线学习模式对学生进行多方面的定期培训，并鼓励教师在课堂教学过程中适当加入一些在线教学方式，比如翻转课堂、慕课等，丰富学生的在线教育经验。同时学校还应该多举办一些线上的活动，鼓励不同专业、不同学科的学生加强交流互动，共同进步，提高学生在线教育经历的丰富度，进一步提升学生的在线学习投入度。另外，为了给学生创造更多的在线学习机会，教师也应该鼓励学生在课程之外多多学习一些自己感兴趣的在线课程，鼓励学生积极参与线上合作交流学习和相关问题的研讨，引导学生主动探索未知，为学生提供一些与专业相关的在线学习视频，增加学生的在线学习机会，培养学生的在线学习兴趣。

7. 强化教师信息技术应用能力

数字技术只是手段，不是目的，任何教育技术的使用都依赖教师的有效利用。在信息时代，教师的专业发展本身就包含了数字化教学资源专业运用能力的发展。目前，教师普遍具有运用数字化教学资源及技术的意识和需求，但是总体上教师的数字化教学资源运用技能滞后于技术发展的进程。因此，高校应积极推动信息化时代新教师的能力标准建设，针对所出台的教师信息能力标准，对教师进行多媒体教学技能和能力的相关培训。同时依托项目推进、课程改革等方式，鼓励大学教师参与数字化教学资源库创建、教学交流平台设计及运用等提升教师

的多媒体技能，进而通过"互联网＋"教育理念和思维提升教师的自我创新能力和发展能力。

（四）线上教学的发展展望

线上教学依托互联网的大力发展，使得教育资源的不平衡矛盾大大缓解。资源稀缺的名师名教通过线上教学可以覆盖更多的地区和学校，而有志向学的莘莘学子也有了聆听名师传道、授业、解惑的机会。线下的课堂容量总是有限的，而线上课堂的容量几乎可以无限扩展。对于学生来说，只要能够上网，清华、北大、哈佛、斯坦福，几乎任何学校的任何课程都是唾手可得的，不必再受限于地理位置和经济条件。因此，线上教学大大缓解了教育资源的不均衡矛盾，尤其对于教育资源相对贫乏的地区具有重大意义。

第三节　线上教学模式

一、教学模式的界定

"模式"一词源于英文单词"model"，可译为"模式""模型""样式"等。最早给"教学模式"做界定的是美国的学者乔伊斯和韦尔，他们认为"教学模式"是"试图系统地研讨教育目的、教学策略、课堂设计和教材，以及社会和心理理论之间的相互影响，以设法考察一系列可以使教师行为模式化的各种可供选择的类型"。两人合写的《教学模式》一书，还被认为是教学模式研究的发端，其中的理论思想，直到现在看来都很有研究价值和超前性。

我国的学者对教学模式的概念界定说法不一。有人认为教学模式"就是正确反映教学客观规律、有效指导教学实践的教学行为规范"。有的人则认为教学模式是"在实践的基础上建立起来的一套组织、设计和调控教学活动的方法论体系"。黄甫全和王本陆则把教学模式理解为"开展教学活动的一套方法论体系，它实际上是在一定教学思想或教学理论指导下建立起来的较为稳定的教学活动结构框架和活动程序。它是教学理论的具体化，又是教学经验的一种系统的概括"。"教学模式的构成要素为理论基础、教学目标、操作程序、实现条件、教学评价。"

二、教学模式的特点

（一）整体性

教学模式这一完整的体系是由其内部五个子系统构成的，五个子系统既不能脱离整体单独起作用，同时整体也不能缺少其中任何一个子系统。所以说，五个子系统相互制约、相互作用，从而推动教学模式的发展。

（二）科学性

教学模式将具体的教学思想和教学理论作为支撑，所以它同自发性的教学实践的不同之处就在于，它要为一定科学理性所制约。

（三）目的性

针对不同的教学目标，不同的教学模式被运用于不同的教学情境中，因此不存在万能的教学模式。

（四）灵活性

由于教师的教学活动是复杂的，不是一成不变的，这就要求教师在实际的教学情境中选择最合适的教学模式，甚至在必要时要将多种教学模式进行组合运用。

（五）指向性

教学模式具有指向性，每一种教学模式都是围绕一定的教学目标设计的。而不同教学模式的条件和关注点不同，要注意教学模式的指向性。

（六）操作性

教学模式具有操作性，它把抽象的教学理论用简化的形式呈现出来，制定了师生的活动程序框架，规定师生的行为，让师生有章可循，更好地进入教学当中。

（七）完整性

教学模式具有完整性，它将现实的教学与理论相结合，有一套完整的结构和相应的完成标准。

（八）稳定性和灵活性

教学模式是在一定的时代背景下，经过大量的实践提出来的，它在一定程度上揭示了教学规律，具有一定的稳定性。教学模式具有灵活性，教学的学科、内容不同，在教学模式的操作细节上也会有改变，应灵活运用教学模式，以适应教学的需要。

从实践层面看，教学模式能把理论与实践联系起来，教学的理论通过教学模式的一系列操作体现出来，使教学活动更明确、更高效、科学地进行。教学模式指导人们从整体上去综合探讨教学过程中各要素间的关系，避免运用单一的思维方式是教学研究方法论上的一种革新。

三、教学模式的选用依据

英国丹尼斯·麦奎尔和瑞典的斯文·温德尔说过："适用于一切目的和一切分析层次的模式无疑是不存在的，重要的是要针对自己的目的去选择正确的模式。"另外，不同的教学模式指向不同的教学目标，所以在选择教学模式时要以教学目标为参考依据，具有导向性。

（一）教学目标

教师在选用教学模式时，一定要以教学目标为依据。没有一种万能的教学模式，所以教师在选择合适的教学模式前一定要明确想要培养学生什么样的技能，或者仅仅是让学生了解什么样的知识。如果是想发展学生的探究能力，就选择布鲁纳的发现式教学模式；如果只是单纯地传授知识，仍然选用发现式教学模式就显得不是那么合适了。

（二）教学内容

不同的教学内容需要灵活地配以相应的教学模式。如果是教授像定理和公式一类的已经被人们证实为客观真理的内容，教师就没有必要运用发现式教学模式让学生去探索了；如若在物理或者化学一类需要让学生亲自动手实践的课程中，一味地"满堂灌"就显得不合时宜了。

（三）教师

教师在选择恰当的教学模式之前要对教学情境和自身的优势进行预判和评

估。在语文课上，教师的嗓音有感染力同时协调能力又强，那么情境教学模式不失为一个不错的选择。更为重要的是，对教学模式的选择又体现出教师的教学智慧和水平。在有些教学实践中，需要教师综合运用多种教学模式，从而达到良好的教学效果。

（四）学生

学生为教学活动的主体，除了考虑教学和教师的因素外，教学模式的选取和应用还要充分地考虑到学生的身心发展水平以及认知水平。例如，教师运用发现式教学模式的前提之一，就是需要学生有一定的知识作为基础并且学生的身心发展相对成熟。要不然很难想象一年级的小朋友在班级中自己探索地球是如何公转和自转是什么情形。值得我们注意的一点是，教师在变换教学模式时要考虑到学生的接受和适应能力。如果学生已经习惯了讲授式的教学模式，突然换成发现式教学模式，有的学生可能会感到手足无措。

四、线上教学模式的类型

目前线上教学的典型模式主要有四类：同步线上教学模式、异步线上教学模式、智慧线上教学模式、融合线上教学模式。

（一）同步线上教学模式

同步线上教学模式主要用于模拟还原传统课堂教学，对网速、电脑要求都比较高；强调突破空间的限制，在统一时间内进行教学活动，接近"耳提面命"式教育。

上课前教师提前对课堂进行教学设计，将课上要教授的内容进行预告，学生对内容进行预习。上课时教师依据教学设计，在各类直播平台上对同时在线的学生进行授课。授课时师生可以通过摄像头、麦克风进行实时连线互动、讨论。教师可以通过摄像头实时查看学生学习状态、评价学习效果，从而实现较好的师生互动。这样的教学更考验教师对课堂的掌控能力以及教学功底，平台上实时进行的师生互动就是一个非常好的教学资源，学习平台将这种生成的资源进行存储和再加工，使得这些资源有了重复利用的可能。下课后教师布置家庭作业，反思整个课堂设计及今后的改进方向；而学生主要完成作业，学生将纸质作业拍照传给教师，这些作业是教师对学生的学习情况进行评估的重要依据。各类评价性考试课后在线上集中进行，以检验整个学习阶段的成果。

（二）异步线上教学模式

异步线上教学模式突破了教学中时空的限制，对网速、电脑的要求都比较低，学习时间灵活，但更适合自主学习能力强的学生。教师只需要关心自己的教学资源是否易懂、丰富、与学生匹配，提供的教学资源能否成为学生学习有力的脚手架。学生主要使用教师提供的教学方案、教学资源自主地学习，不受时间的束缚，对学生的自主学习能力要求较高。此模式下，"上课"的概念被"学习与否"取代，教学平台成为各类资源的中转站，学生根据教师给的任务以及资源进行自主学习。师生交互主要通过在钉钉群等学习交流群留言的方式补偿进行。评价学习效果时，教师主要根据学生拍照作业反馈回的信息对学生进行评价。目前这类教学模式主要应用于网络信号不好、学生网络学习基础设施较差的农村地区。

（三）智慧线上教学模式

指利用大数据、人工智能等新技术学习优秀教师的上课风格、教学设计、教学内容、教学方式，形成一个自动化的范式。例如在洋葱学院中，需要教师设计教学流程、教学内容，形成有效教学资源；学生根据教师规定的流程进行学习，既解决"眉毛胡子一把抓"等不会学习的问题，也减少了教师的工作量。通过视频进行知识点讲解时，系统还会根据讲解进度抛出问答题，需要学生互动回答，学生的回答同时也为讲解是否有效提供依据。此类平台目前大多还不能根据学生的自学情况智能地布置作业、批改作业，同样需要教师根据学生的回答布置作业，并通过回收的作业照片对学生的学习情况进行评估。此类平台的教学资源极为丰富，包括流程资源、教学设计等大部分教学内容都可自动完成。教师成为学生自主学习的"监控者"，他们只在学生的自主学习出现问题时及时修正。这样可以大大减少教师低效的重复劳动，而教师需要开发更适合学生的教学资源、更多好的项目。这种模式将会是"互联网＋教育"未来的一个发展走向。

（四）融合线上教学模式

融合线上教学模式根据需要融合多种教学形式，该模式具有多元交互的特点，可弥补采用单一教学模式而导致的片面与不足。教学中融合电子课件、微课、学科工具、同步异步交流讨论等多元教学活动及资源进行线上教学。

综上所述，不论何种线上教学模式都具备各自特点，不存在万能模式。每种线上教学模式都有其实施条件。线上教学模式整合了各种教学要素，使线上教学的顺利开展得到了有力的保障。组织者根据校、师、生现状选择基础环境、教学支持和教学模式，在具体实践中不断探索和创新。

五、线上教学对促进教学模式改革的积极作用

教育的本质是引导受教者以一种相对成熟或理性的思维来认知、对待事物。教学模式是在一定教学思想或教学理论指导下建立起来的较为稳定的教学活动结构框架和活动程序。线上教学是指依托网络或电化教学设备，以班级为单位组织授课和双向互动式的教学活动。随着计算机技术的普及应用，现代线上教学主要以网络教学方式呈现，其主要特点包括教学资源丰富、知识更新迅速、学习者主体地位突出等。传统教学模式泛指在一定历史时期形成的主流的教育思想、制度和方法，它随着时代的变迁不断进化。现阶段传统教学模式的主要特点包括：重视课堂教学；以教师为主导，传授系统的科学知识；培养学生的学习能力及学习主动性。

线上教学为现阶段的教学模式注入了新的生机，主要表现在以下几方面。

（一）信息时代催化线上教学模式的发展

信息时代的主要特点可以概括为：信息量剧增；知识更新加速；人才竞争愈发激烈。现代教育要想适应信息社会的需求必须有所改变，线上教学模式主要在以下三个方面迎合了信息时代的需求。

1. 便捷地处理海量信息

在信息时代，面对良莠不齐的海量信息，人们希望能"独具慧眼"，从中筛选最值得关注或最有价值的信息。线上教学主要将网络技术作为构成新型学习生态环境的有机因素，使互联网成为信息社会最为有效的信息收集及信息处理工具。随着网络教学的开展，对于教学资源的收集、制作有更多的选择；学校管理系统、教学管理系统日趋完善；更便捷地培养学生借助网络进行信息的获取、分析、加工能力，为提高教学质量和教学效率提供了更广阔的空间。

2. 促进知识更新

进入 21 世纪以来，知识更新速度不断加快，学科与学科之间的相互渗透和融合现象不断出现，大量的边缘学科和交叉学科不断产生，到目前为止，仅自然科学的类别就已超过 2000 门。要想迅速地从如此庞大而复杂的知识体系中选取最有价值的信息，有必要引入植根于现代互联网技术的线上教学。利用互联网技

术的便捷性，不仅有助于推动知识传播的多媒体化、多渠道化，而且促使不断更新的科学理论得以迅速扩散，学术研究能够紧跟时代的步伐。另外，线上教学打破时空局限，使教学活动更便捷地接触最前沿的学科理念与方法；教师利用网络技术从海量信息中筛选出的内容科学、方法优化的教学资源，可以使学生吸收到优质、高效、新鲜的知识养分。

３. 充分体现学习者的主体地位

学习者的主体化是指学生由被动地接受知识变成了认知的主体，教师由传统课堂教学中的知识讲授者变成知识信息的组织、编制者及学生学习的引导者、促进者。科学实验证实：人类获取信息的94% 来自视觉与听觉。线上教学中大量引进多媒体技术，使学习过程可听、可视、可操作，充分调动学生的主观能动性。另外，线上教学可充分发挥网络时空的自由性，使学生从按部就班的学习转变为自定步调与目标的学习；网络教学资源的丰富性使学生从生搬硬套、死记硬背式的学习转变为带着任务解决实际问题的学习；网络教学的多向交互功能为教师在教学过程中从主角到配角的角色转变提供了可能。

（二）线上教学在信息时代有充分的施展空间

线上教学由于充分融入互联网技术，其在信息时代具有天然优势，主要表现为：①打破时空局限，使基本教学活动具备了泛在性。②打破课本禁锢，提升了教学内容的前沿性、宽泛性。在传统教学模式下，教师的主要关注点在课本、课堂、学生上；线上教学使教师有机会了解大量的网络教学资源，从中吸取营养，提升教学内容的前沿性，扩展教学内容的宽泛性。③提高学生学习的积极性。网上的海量学习资源可能触发学生学习的兴奋点；优越的多媒体功能可帮助教师制作视听完美结合的教学课件，增强对学生的吸引力；由于脱离课堂的约束，自主灵活的学习形式迎合了学生的新鲜感与好奇心。④师生交流更顺畅。互联网的多向交互功能降低了师生交流的心理门槛，特别是对于那些性格较为内向的同学来说，与教师进行线上交流时没有课堂上众目睽睽之下的压迫感，更加放松自然，使得整体教学氛围更加和谐。⑤全面推进网络教学水平的提升，促进网络教学环境日臻完善。线上教学能够顺利开展，得益于国家在基础设施建设方面取得巨大成就。而应对新情况的实践需求，提升了我国在网络建设方面的速度；网络教学平台发展百舸争流，为教师线上教学的开展提供了有力支撑；线上教学全面铺开的实践，也及时反馈了各平台运用中存在的隐患与有待解决的问题，使网络教学平台改进有了明确的方向。⑥助力国家建设终身教育体系。终身教育作为一项规定和任务，已分别写入《中华人民共和国教育法》和《中国教育改革和发展纲要》中。基于互联网的线上教学有助于国家完善国民的终身教育体系，提升国家实力。

（三）时代进步需要传统教学模式进行变革

一定历史时期形成的教育传统，是对以往教育传统的扬弃、继承和发展。任何一种教育模式的形成基本上都是为了满足实际的需求，因此，随着时代变化、社会前进，任何教学模式都需要与时俱进。现阶段，线下教学模式仍是主流，从某种角度上看，它有自身的突出优势，主要表现为：①课堂教育的仪式感，使教学活动更加神圣，也更能引起学生的重视。②教师在教学活动中起主导作用，通过精心设计、严密组织的课堂所传播的知识更加准确、完整。③课堂教学增加了师生之间、同学之间面对面交流的机会，注重培养学生的组织观念、集体意识、合作精神，形成对学生的完整的人格教育过程，有利于学生顺利融入社会。④课堂教学现有的成熟、有效的成绩考核机制，可以公平、公正地评价教学过程中各个阶段的教学成果。传统教学模式的变革应该在保留其传统优势的基础上，逐步融入包括线上教学在内的其他教学模式的优点，顺应客观实际及社会发展的要求，取长补短，与时俱进，使教学模式向更加现代化、科学化的方向发展。新时期对教育体系提出新挑战，也为教育体系的发展带来了新机遇。中国教育界已经很好地应对了新挑战，应该也能够很好地把握变革中的新机遇。

六、线上教学模式构建策略

（一）加强学生思想工作建设，提高学生自我管理能力

高校对学生进行教育，不只是为了让他们丰富自己的知识、开阔自己的视野，更是对学生进行思想上的教育，使学生成为积极向上、自控力强、奋发向上的社会建设者。作为社会发展的生力军，大学生应该树立正确的学习观，合理分配学习时间，形成良好的学习习惯，抓住提升自我能力的机会，从思想上、行动上成为一名合格的大学生。

（二）提高教师网络教学能力，保障课堂教学的时效性

教师的线上教学不仅要保障上课时的教学环节完整，还要注重课前与课后环节。课前教师应该准备好本节课的教学材料，通过平台提前传送到学生的手里，

为学生提供提前了解教学内容的机会。根据教学安排设计好本节课的教学内容，同时也要根据所教学生的特点，构建精准化的知识框架。上课时要明确"以学生为中心"的教学目标，加强师生间、生生间互动，保持积极向上的学习氛围。可以将部分课堂教学活动下放到学生的手里，转变传统的课堂角色。课后环节应该包括教学成果的检测与教学过程的反思，通过作业、测验等形式加强对知识点的巩固，通过教学评价归纳不足、反思教学过程，确定未来课堂的具体走向。

（三）合理规划学校教学工作，构建动态化监督机制

学校作为教学管理者，应合理编排教学规划，加强课堂监督，构建动态化的监督机制。

首先，应根据教学人数、学科种类制订合理的教学计划，教学时间要与学生注意力的最长集中时间相匹配。

其次，教学监督应包括学生监督与教师监督。通过线上数据分析掌握学生的学习情况，成立教学抽查小组，不定时对不同专业的课堂进行抽查，保障教师教学的积极性。建立教师线上教学激励机制，提高师生的课堂参与积极性，保证课堂的生命力与创造性。

（四）发挥平台及企业优势，有效整合教学资源

教育平台作为高校教学的辅助工具，应该保证线上课堂实施的时效性与完整性，通过科技创新、平台完善、产品推介会等形式逐渐提高在校师生使用教学平台的满意度。企业应通过强强联合、资源共享等形式构建多样化的教学平台，规范企业竞争，保持良好的企业形象，通过真实的企业宣传吸引使用者，保证产品的使用质量与维护服务质量。

第二章 线上线下融合教学

2020年初，突如其来的新冠肺炎疫情催生了一场"停课不停学"的线上教学大演练。在疫情得到有效控制后，师生回归课堂，但线上教学期间所产生的新思路、新方法、新局面为新时代背景下的融合教学的发展带来了许多好策略和好方法，将线上与线下教学相结合的融合式教学已经为新时代的教学趋势。

《国家中长期教育改革和发展规划纲要（2010—2020年）》指出，要加快教育信息化进程。在疫情背景下，全国各大高校纷纷响应教育管理部门提出的"停课不停教、停课不停学"的号召，要求教师积极开展线上教学。现代信息技术与高等教育加速融合，"线上线下融合教学"催生出了新的高等教育形态，对我国高等教育的改革、创新发展具有深远意义。"线上线下融合教学"是"融合式教学"的深化，是线上教学与线下教学的深度融合，强调将传统线下教学的优势与线上教学的优势进行整合，打造全新的"以人为本"的教育新形式。"线上线下融合教学"是教育现代化的新境界，要求信息技术与教学进行更深层次融合。

本章主要介绍了线上线下融合教学，从融合教学的产生和发展、线上线下融合教学概况、线上线下融合教学模式及融合教学模式的设计和实施四方面进行详细论述。

第一节 融合教学的产生和发展

学校教育为我国经济社会发展提供了有力的人才和智力支撑。在各国产业智慧化的发展形势下，世界各国对人才的需求也愈发迫切。我国相继出台了许多有关学校教育人才培养以及教育改革等方面的通知与政策方案，更加突显出学校对人才发展的重要作用。学校教育仅依靠传统的教学方法已经无法满足培养人才的需要，因此结合现代教育技术手段，跟紧教育改革步伐，利用融合教学模式将智慧型硬件、软件充分结合，将技术与教学思想相结合，不断更新教育理念，是学校发展的最有效途径之一。因此，利用线上线下相结合的融合教学模式开展教学是学校培养"智慧型"人才的有效途径，也是顺应学校教育发展潮流的必经过程。

众所周知，各种教学模式虽各具特色，但最终目的是统一的：通过该种教学模式的实施使教学效果最优，使学习效果最佳。融合教学模式是一种新生事物，目前处于快速发展的阶段，必须用全面而不是片面的、变化而不是不变的辩证视角去看待。融合教学模式不是单纯地强调线上教学或线下教学中的任何一方，也不是让线上教学彻底取代线下教学，而是要保持线上线下有机过程的统一。这是高校教育教学适应时代发展要求、拥抱变化、与时俱进的自然选择。

一、融合教学产生的背景

（一）"互联网＋教育"的出现提供了契机

"互联网＋"计划是李克强总理在政府工作报告中提出的，它是一种新型的教育形式，让网络和教育结合在一起，通过这种形式共享优秀的教育资源，让教育的公平性得以实现。"互联网＋教育"的发展发挥了网络的积极作用，使学生的网络学习能力得到增强，学会通过网络获取信息，具有分辨有利信息的能力，获取所需的知识。学生自尊心、自信心和竞争力得到加强，促进学生相互交流学习的方法，把学生的积极性、主动性调动起来，提高学习的效率，让学生真正学会利用网络，起到学习知识和培育品德的作用。

（二）国家政策的支持

随着党中央提出"网络强国"的战略要求，网络信息化成为当前我国各项事业发展和建设的主要趋势。教育事业也紧随其趋势，教育部发布了一系列文件以促进"互联网＋教育"的发展。2012 年 3 月，《教育信息化十年发展规划（2011—2020 年）》提出推进信息技术与教育教学深度融合，全面提升信息化建设与应用水平；2016 年 6 月，《教育信息化"十三五"规划》提出，到 2020 年基本建成教育信息化体系，深化信息技术与教育教学的融合发展，将信息化教学能力列入学校办学水平的评估指标体系；2017年1月，《2017年教育信息化工作要点》提出积极探索推动教育线上、线下有机结合的融合信息学习教育模式逐步普及的具体要求；2018年4月，《教育信息化2.0行动计划》提出，到2022年基本实现"三全两高一大"的发展目标，建成"互联网＋教育"大平台；2019年9月，《关于促进在线教育健康发展的指导意见》提出，到2022年初步构建网络化、数字化、个性化、终身化的教育体系。另外，据统计，截至2020年2月，教育部组织的网络在线教育课程服务平台已经达到22个，网络在线教育课程种类多样性达到2.4万余种，给我们提供了丰富优质的教学资源。这一系列国家政策的出台，为融合教学的发展提供了强有力的支持。

（三）5G的应用使融合教学成为发展趋势

2017年6月27日，世界移动大会在上海召开。中国移动在大会上举办了"5G赋能教育·智慧点亮未来"的分论坛，在论坛上发布了《5G智慧校园白皮书》，提出了六大智慧教育应用场景，包括教育教学、教育管理、校园生活、雪亮校园、教育评价、5G特色应用。宣称将通过利用5G、云计算、大数据、人工智能等信息技术手段，全面赋能智慧校园建设，标志着5G技术开始进入教育领域。

近年来，我国加快了教育信息化2.0进程，互联网技术越来越多地应用于教育领域并给教育教学带来了便捷，促使教育模式发生变革、教育教学形态和学校组织形态出现创新和转型，从而实现整个教育体系的转型和变革。融合教学是线上教学和线下教学相融合的教学方式，其正是在互联网的背景下发展起来的，互联网技术的不断发展会给融合教学的发展提供强大的支持。当前，现代信息技术的快速发展更是给融合教学的发展创造了良好的教学支持条件，如5G技术发展所带来的超高清视频交互方式有利于师生间的情感交互，大数据技术可以记录师生教学行为以便教师监控课堂教学，人工智能技术可以根据大数据所获得的监控数据来推送学习内容。

总之，随着互联网时代的到来，国家对教育与网络的结合越来越重视，由开始的"互联网＋教育"计划的提出，到教育要实现信息化政策的发布，再到教育要实现现代化的目标，都充分显示出国家对融合教学的支持。融合教学必然在学校教学中得到更加广泛的应用。

二、线上线下融合教学的发展

近年来，信息技术与传统教学的深度融合已成为教育教学改革的着力点。作为未来教学的新常态，融合教学在我国各学段均呈现迅猛增长态势。其发展动力主要来自两方面：一是教学实践层面，即突破传统课堂教学局限，探索智能教育时代教学模式改革与创新需求，特别是信息技术与学科教学深度融合的需求，为教师开展融合教学提供自下而上的动力；二是政府政策层面，即在一流本科教育和"双一流"建设的背景下，加强对基于信息技术的一流课程建设，如"金课"建设和新型教学模式的支持，特别是对优质在线教学和融合教学的支持，为教师开展融合教学改革提供自上而下的动力。

融合教学不是线上、线下教学方式的简单组合，教与学方式的重新组合让教师面临诸多挑战，对教师教学能力也提出了更高要求。教师需有新的知识、技能和态度，才能在新的环境中成功开展教学。国内外学者均指出，教师有效开展融合教学需要具备专门的能力。例如，融合教学能力框架指出教师应具备心态、素养、适应性技能和技术技能四方面能力；有学者提出教师开展融合教学应做好教学理念、协作能力、自我发展能力、融合教学实施能力、融合教学学科教学法知识的能力准备。

随着信息化教学的迅速普及，高新信息化技术正逐步深刻改变着教育的方方面面，于是就有了首轮针对融合教学的研究和实践。刚开始学者都斗志昂扬、士气高涨，但当这股滚烫的热潮褪去之后，人们才意识到心急吃不了热豆腐，任何教学革新都要在长期不断实践、改善的轮回中慢慢探索最恰到好处的教学模式。线上授课有很多便利的地方，例如，丰富的多媒体资源、便捷的同步技术、快速的互动形式等。但也得客观地看待，教师如何深度参与教学，如何使学生能够积极参与和认真对待线上授课互动，以及如何保证不会缺失教师对学生的引导作用、价值观影响、探讨问题和感情交流等渗透的优势，是绝大多数学者和教师共同面临的课题挑战。在这个大的背景下，融合教学的概念应运而生。

首先得清楚的一点是，融合教学并不是一种全新的教学理念，更不是全新的教学方式和理论。只是在信息化快速发展的今天，互联网渐渐融入人类社会的各个领域，在教育领域主要体现为教育信息化渗入传统的教学模式，且逐步被人们认可和关注，产生了许许多多的线上授课平台，使得融合教学模式成为信息化时代最为合适的教学模式。

线上线下融合教学是在传统面对面线下教学与网络在线教学相结合的融合教学基础上提出的，主要涵盖线上教学和线下传统面对面教学两个方面。融合是在融合的基础上相互融合，具有融通性和共时性的特点。融通性是要改变融合式教学中单纯的"加法思维"，在融合教学中更强调融合思维，实现"你中有我，我中有你"，打破教学的界限。共时性是为了改变融合式教学中线上和线下割裂的状态。一般融合式教学中常见形式为"先线上，再线下"或者"先线下，再线上"，线上、线下互不影响。但教育应是一个相互影响的过程，线上教学会使线下教学发生一系列改变，同样线下教学也会使线上教学内容改变。因此，不再确定线上或者线下教学的发生顺序，只为教学内容安排更加适合的教学形式，二者应相互牵动影响。在此教学模式下，需要将线上教学的优势与线下教学相融合，以便更好地适应教育发展。

三、融合教学应指向深度学习

线上线下融合教学作为一种开放式、综合性的教学模式，不仅是学习者个性化的学习体验，也常被视为当前高校课程改革中"互联网＋"与传统教学相融合的突破口。总体来看，融合教学必将成为未来教育发展的大趋势。但是，任何教学改革的实施都应考虑学生认知的顺序与发展，遵循由浅入深、由表及里、从低到高、循序渐进的学习规律。因此，要追本溯源地从深度学习角度重新审视融合教学实施中出现的问题，契合融合教学的发展诉求。

（一）深度学习使教师观念的转变成为可能

深度学习需要学习者进行"层进式学习"和"沉浸式学习"，关注学习者在学习过程中的深度参与、递进及投入。因此，深度学习对于学校教育最大的意义在于推动教师进行教学变革。深度学习注重学生在学习过程中已有经验的建构与生成。在融合教学设计中，教师"单向"主导向"多向"需求的过渡，就应通过教学时序重构、教学方式转变、教学内容挖掘呈现"多向资源"。这样的转变本质实际需要教师在进行融合教学设计中突出"以学生为中心"，强调借助信息化优势，利用线上、线下相结合的教学方式，在教师的有效引导下培养学生高层次的思维活动，包括学生的沟通协调能力、问题解决能力、创造能力，以此关注学生的"多向"需求。因此，开展融合教学的最终目的不是去使用各类在线教育平台，不是去建构数字化的教学资源，也不是去开展花样翻新的教学活动，而是有效增加绝大部分学生的学习深度，满足学生的"多向"需求，进而产生对知识的个性化解读，真正实现学生的学习中心地位。因此，深度学习的引入可较好转变教学设计中"教"与"学"的关系，促进融合式教学中教学设计理念的转变，真正将学习的本质定位为学习者的改变，将教学的本质定位为教师对学习者改变的支持。

（二）深度学习可融合线上学习与课堂面授

计算机及互联网技术的迅速发展，不仅带来了教学活动中信息量的成倍增长，同时也带来了新的深度学习环境，使深度学习在自我建构与社会建构的整合发展中产生。其中，线上学习为深度学习的发生奠定了基础。亨利的分析模型从学习过程的参与、交互、社交、认知和元代理五个维度为学生在线进行深度学习提供了技术路线，课堂面授在知识的应用及扩展方面使深度学习成为可能。所以，深度学习为教学的线上学习与课堂面授的融合提供了新的思路。线上学习借助技术路线提供学生进行知识自我建构的基础网络资源，完成已有知识的激活和基础知识点的分享，让学生带着问题进入课堂面授教学的知识建构及应用阶段，通过翻转课堂、学习共同体等方式提高学生的问题解决能力及促进高阶思维的形成，从而完成知识的建构。所以，在深度学习过程中，通过个人化的移动设备媒介，学生可在融合教学提供的线上学习与课堂面授期间进行标准与课程、预评估、营造积极的学习文化、预备与激活先期知识、获取新知识、深度加工知识、评价学生的学习七个步骤，以保证不同学习场景下学习体验的连续性。

第二节　线上线下融合教学概况

一、融合教学的原则

融合教学没有统一的模式，如何融合、融合什么、融合到什么程度没有固定的标准，依据"教无定法"，在实际应用中可以根据具体情况进行最优化处理。但"教无定法"只是从外在形式上来说，各种教学方式都需遵循一定的教学规律和原则，因此，在进行线上线下融合教学时，应遵循以下几个原则。

（一）主体性原则

刘峰在《对学生主体性的探讨》中指出，必须改变传统教学模式中教师唱独角戏、把学生当"容器"的做法。教学是由教师的教和学生的学共同组成的，学生在传统课堂上通常是一个倾听者，教师的填鸭式教学遏制了学生的创造性和积极性，这在线上教学中表现得尤其明显。时间和所处位置的局限或是教师利用录播课教学使学生的问题不能得到及时的解决。久而久之，学生习惯成为课堂的旁观者，不利于学生主观能动性的发挥，这也不符合课程改革的要求。教育的目的是"授之以渔"，教学不只是传授知识，更重要的是让学生掌握科学的研究方法。学生学习是一件需要独立完成的事情，教师应起到监督、帮助的作用，学生在课堂上要有一定的主动权，在学习中学生可以充分发表自己的看法，促进辩证性思维发展，形成自主学习习惯。学生作为独立的个体，存在着个体差异，教师需根据学生知识基础的差异进行不同的教学设计并加以引导，让每个学生独立思考，从而提出问题、分析问题、研究解决办法并加以总结，使学生学习能力得以提高。

根据新课标的要求和建构主义学习理论的指导，教师在进行线上线下融合教学时要坚持生本理念，遵循主体性原则，既要发挥教师的主导作用，又要体现学生的主体地位。对于学生来说，学生的主体性主要体现为自主学习线上教学资源和主动参与线下探究活动。在教学中，学生是学习、认识、发展的主体，教师要引导学生发挥主体作用，激发他们的内在学习动机，调动他们参与学习和参与探究的积极性、主动性，从而促进学生自主学习能力、实践操作能力、创新能力等方面的发展。对于教师而言，教师的主导性体现在创设良好的教学环境、调控融合教学中各个教学环节的节奏、进行与学生的认知规律和学习特点相符合的课程教学设计、给学生提供丰富的学习资源、了解学生需求和给予学生帮助、鼓励学生进行自主学习与协作学习等活动中。只有教师进行有效引导和调控，才能使学生具有自主能动地获取知识的意识并充分发挥主体性。

（二）交互性原则

教学交互是指教师和学生间进行的资源信息及情感的流动，其在教学活动中是非常重要的环节，只有师生间进行了交流互动，才会实现教学的价值。在进行融合教学时，要以交互为核心，创设舒适、便利、双向的交互空间，实现师生间的随时随地交流，从而发挥交互的作用，使线上教学和线下教学相互联系、相互促进，共同促使学习活动有效进行。具体而言，在线上教学中，教师上传教学资源、发布学习任务、进行答疑解惑，学生学习网络资源、完成学习任务、提出学习问题；在线下教学中，围绕课堂教学内容和网络学习资源，教师组织探究活动、进行答疑解惑，学生参与探究活动，通过协作、讨论实现思想的碰撞和交流，形成积极的学习氛围。

同时，在整个融合教学过程中，充分地将线上教学和线下教学相融合，让师生的交流互动不断层，即教师和学生随时随地就学习内容和学习资源进行及时性、针对性的交流沟通，从而实现预期学习效果。

（三）情境性原则

建构主义学习理论认为学习环境包括情境、协作、交流和意义建构四个方面，线上线下融合教学模式应遵循情境性原则。通过对学生的问卷调查和教师访谈得出，学习效果与课堂中学生的专心程度有着密切关系，要想使学生在课堂中专心学习，就需要好的学习氛围。学习氛围需要教师通过构建教学情境来营造，可采用故事、问题、动画等多种方式。情境只是教学手段，并不是教学目的，是开端但不是终点，应引导学生从特殊性情境过渡到普遍性的知识当中。情境创设不应只出现在课程的导入环节，而应贯穿于整个知识讲解和应用的过程中。鲁家皓认为情境性教学应包括四个步骤，分别为设定情境、破解问题、总结问题和情景化评估。设定情境需要根据学情、教学目标和教学内容进行设计，将知识与科学、技术、社会和生活紧密联系起来，弱化学科间的界限，进行学科知识交叉整合，进而激发学生的学习兴趣和参与课程内容研究的热情。破解问题是在情境中进行理论学习的过程，学生需要学习、消化知识，并在此过程中找到解决问题的办法，得以应用知识。总结问题是在情境中对知识进行总结，总结问题的过程就是知识梳理的过程，思维要从情境中跳出来，将学科知识点按照自我逻辑进行整理概括，并加以深化。情景化评估是对知识的应用进行检测，这也可使学生将知识领悟程度反馈给教师，教师可就教学重难点进一步讲解，形成良性循环。再者可根据内容特点，将学生引入教师创设的固定情境中。例如，在探究酵母菌细胞呼吸方式的实验中，教师可为学生提供实验材料、器具和实验环境，将学生分为若干组，各小组分别利用平板等设备在线上跟着教师所设置问题进入探究情境。线下教师仅是学生的实验助手，帮助学生体验提出问题、做出假设、设计实验、进行实验、得出结论和交流讨论的实验探究过程，让学生置身于探究情境中，与教师产生情感上的共鸣，引起他们激动、愉快的情绪，学生兴致盎然地探索未知，深入体验课程内容的内涵。在此过程中，学生可以发散思维，教师可以保护学生的好奇心，发挥线上线下融合教学模式的优势。

（四）针对性原则

在进行融合教学时，要结合实际，充分考虑教学环境、教学内容、学生特点等因素来开展。针对具体情况，确定线上教学和线下教学融合的程度与方式。

首先，就教学环境而言，线上教学需要技术性的支持。那么，我们在进行线上教学和线下教学融合时，就要充分考虑这一因素。技术支持不同，线上教学与线下教学的融合程度会有所不同。如对于教学环境不太优越的学校而言，更多的是选择线下教学为主、线上教学为辅的教学方式，甚至完全是线下教学。但是对于有专门的学校云平台的学校而言，则可以选择更多的融合教学方式。

其次，就教学内容而言，不同的教学内容也影响着融合教学。有相关研究表明，不同的知识分类对应着不同的教学模式，如陈述型的知识和概念型的知识更适合面对面教学；规则型知识和基本技能型知识既可以进行面对面教学，也可以进行线上教学；问题解决型知识更适合线上教学。

最后，就学生特点而言，要根据学生的认知情况、学习特点等进行融合教学。教师要根据学生的认知能力设计丰富多元的学习活动、提供不同类型的学习资源，以适应不同学习方式和学习风格的学生，满足学生的个性化需求，从而使学习更加顺利地进行。

（五）课程资源丰富性原则

课程资源是落实核心素养的载体，课程资源可来自教材、教参、报纸、多媒体资源等。课程资源的规模是很庞大的，为学生提供多少、怎样提供都是教师需要思考的问题。双线的线上教学与线下教学有着很大的区别，线下教学的课时是有限制的，教师多数会提供较少的资源精准地达到教学目标，但对学生的多元化发展是有局限的。而线上教学中，教师可通过网络为学生提供大量的课程资源，学生可根据自身情况有选择的查找和阅读。但并不是课程资源越多越好，教师应根据课程内容，经过一系列的筛选再将课程资源交给学生。

王芹在《开发课程资源发展　生物学学科核心素养》中提出四种开发课程资源的方式，分别是广泛利用信息技术网络资源、有效统合教材资源、精准衔接高中教材资源和利用社区资源。当下的大数据时代，网络资源尤为丰富，这为课程资源的获取提供了便利。有了足够的资源，下一步是有目的地进行筛选。提供课程资源的目的是进行教材知识的进一步扩展，加深学生知识深度，所以课程资源一定要和教材内容接轨。教师要使学生学会知识进而应用到现实生活中，解决实际问题，所以课程资源也可来源于生活和社会中。

（六）最优化原则

融合教学的目标就是要通过不同教学方式、教学资源、教学环境等方面的融合来促使教学效果最优化，因此，教师在进行融合教学时要遵循最优化原则。在教学过程中，要依据课程内容特点和学生的学习风格、学习兴趣、学习态度等合理组织安排线上教学和线下教学的内容，从而培养学生的能力和提高教学效率。由于部分学生自制力不强，开展一定的线上教学有助于学生自主学习能力的培养。但也正因为学生的自制力不强，所以要开展以线上教学为主、线下教学为辅的教学。同时，在进行融合教学时，教师要清楚地认识到，哪些内容可以让学生进行线上学习、哪些内容是需要在线下教学的，从而达到教学效果最优化。所以教师设置的网络学习资源要贴合教学内容，能更好地辅助课堂教学，提高教学效率，促进学生发展。

（七）启发性原则

遵循启发性原则能够使学生充分保持活跃性思维，在这一过程中产生的积极建构知识与主动探索精神对学生的学习、实践是非常重要的。在传统的教学中，教学活动的主导者是教师，作为教学主体的学生未能受到充分的重视，其主观能动作用也不能得以充分发挥。线上线下融合教学模式遵循启发性原则，在教学中不断启发与引导学生自己解决问题，以此来提高学生的独立探究、解决问题与智慧学习等能力。

（八）因材施教原则

因材施教是指教师结合实际情况，根据不同学生存在的差异选择适合其个人的学习内容，使每个人都能得到最优化的发展。现如今社会对学校培养人才提出了更高的要求，教育的重要任务是培养与时俱进的、有国际竞争力的智慧型人才。智慧课堂以及智能教学手段也为记录、分析学生的个性化数据提供方法，帮助学生实现针对性学习。与此同时，线上线下融合教学模式可以帮助教师更深入、全面地了解学生的真实情况，掌握不同学生的学习水平与特点，合理安排教与学等各方面内容，进行针对性教学；依靠线上个性化资源学习、线下实际练习与教师个性化指导，使学生扬长避短。同时，学生学习能力参差不齐，利用线上线下融合教学模式可以照顾到不同层次学生，使其获得适合自己学习能力的教学指导。

（九）理论联系实际原则

理论联系实际原则是指保证理论与社会实际相关联，将学到的知识应用到现实生活中。理论与实践相结合对学生来说是十分重要的，然而大部分学生的理论知识普遍薄弱，并且对理论知识的学习存在排斥现象，所以在传统教学中很难实现知行合一。线上线下融合教学模式遵循理论联系实际原则，依靠线上教学与网络学习资源深入研究知识的含义与技能的概念，同时利用线下校企合作增强学生实践能力。在这一过程中通过教师多种教学方式的引导以及学生不同的学习方式，大大地增加了理论知识的趣味性，学生也有更多时间深刻领悟知识的奥秘，利用所学的各方面知识综合地、智慧地解决所遇到的实际问题，灵活地达到学以致用的目的。

二、融合教学的理论基础

（一）人本主义理论

人本主义理论产生于 20 世纪 60 年代的美国，是当代流行的心理学流派之一，其代表人物主要有马斯洛和罗杰斯。人本主义理论对行为主义把人看作动物或机器的观点有不同的看法，同时，人本主义认为不能只重视人类的认知结构，而忽略了人类情感、态度、价值观等对学习的影响。其核心观点主要是有意义的自由学习观和学生中心的教学观。有意义的学习是一种主张学习者是完整的人，使个体的行为、态度、个性以及在未来选择行动方针时发生重大变化的学习，它是一种与学习者各种经验融合在一起的、使个体全身心地投入其中的学习。有意义的自由学习观强调的是学生能够根据自己的学习需要搜集学习材料以自主地去学习，让学生发自内心地想去学习，而不是把人当作机器进行填鸭式的学习。学生中心的教学观强调学生处于学习的主体地位，而教师是学生学习的引导者；学生不再是知识的被动接受者，而是在教师的引导下学生自己去探索发现知识，发挥学生的潜能，促进学生的个性发展。

（二）建构主义学习理论

在传统的教学模式中，学生对于知识的吸取存在诸多的漏洞和短板，主要有三点，这三点紧密相关、环环相扣。①知识的片面性。现在许多知识仅仅是停留在比较浅显的层面，并没有进行适当的拓展和延伸，会让学生感觉远离生活，不能学以致用。②吸取知识后的惰性。这一点漏洞基于第一点，学生长期不能把学到的知识在实际生活实践应用，导致学生感觉学而无用，自然而然养成了在实际生活中不加以应用的惰性。③吸取的知识不能灵活应用。学生在特定环境中学到一个知识点后，再到新的情境中，就不懂得举一反三、灵活应用。

针对传统教学中的不足，建构主义被提了出来。建构主义是由瑞士心理学家皮亚杰最早提出的，他认为，儿童在本身的遗传基础上，从个体所处的环境中获得经验，通过同化和顺应的过程达到与环境的平衡，不平衡和平衡之间不断转化，从而形成新的认知结构。这是皮亚杰关于建构主义的观点。在皮亚杰的观点的基础上，苏联心理学家维果茨基创立了文化历史发展理论。他从历史唯物主义的观点出发，首次注意到社会文化对于人类心理的影响，并提出"最近发展区"的概念和"教育教学应该走在发展的前面"的观点。建构主义是认知学习理论的新发展，其早期的代表人物有罗杰斯和布鲁纳。到 20 世纪 70 年代，布鲁纳对维果茨基思想的进一步发展，对建构主义的新发展起到了巨大的作用。20 世纪 80年代末 90 年代初，美国教育界流行的建构主义学习理论传入我国，备受我国教育改革者的重视。该理论认为知识是学习者在一定的社会文化背景下，在他人的帮助下，通过学习必要的学习资料而获得的，并不是由教师教授得到的。因此建构主义提倡学习者是学习的主体，学生是有意义的主动建构者，而教师主要是起着指导、引导的作用。学习者建构过程的关键在于发生"联想"和"思考"，即学习者要把当前新的学习内容与自己脑海中已有的旧事物尽量发生联想，并对这个"联想"做进一步的"思考"。如果能够把这个新发生的"联想"与"思考"的过程和多人协作学习中的"协商"过程（即与他人交流和讨论）合并起来使用，学习者的建构效率就更高。

建构主义学习理论大体包含知识观、学生观、教学观和学习观四个观念。知识观是指科学知识具有真理性，它是对当前现实的准确解释，会随着人类的进步而不断改变。对于知识的运用需要具体问题具体分析，需要使用者针对具体情境再创造。学生观是指在日常生活中，学生已经积累了丰富的经验，教学需要在此基础上使学生获得新经验。教学观指教学需要关注学生原有经验，建构真实情境，增进学生之间的合作，学生主动对知识进行有意义的建构，这与维果茨基的思想是一致的。学习观是指学习是学生主动建构意义的过程，而不是直接接受现成结论的过程。何克抗指出，建构主义学习理论是以学生为中心指导教学，教师运用情境、合作和多种教学媒体等形式在教学中起到组织者、引导者和指导者的作用，充分发挥学生学习的主动性和积极性，从而使学生有效地完成对当前知识的有意义的建构。

线上线下融合教学以建构主义为理论基础。线上线下融合教学并不是让学生被动地接受知识，而是让学生主动地建构，老师在线上推送教学资源，引导学生进行学习，对知识形成初步的建构。教师为学生创建教学情境，让学生在已有的知识基础上进行建构，积极主动地参与到教学实践中，从而获得知识和技能，主动创建自己的知识体系。

（三）融合学习理论

随着融合学习的发展，国内外学者都进行了大量的理论研究。目前，国外融合学习模式主要有巴纳姆和佩尔曼的四阶段模式、杰瑞德·卡门模式和伯尔辛模式；国内融合学习模式主要有李克东教授的融合学习设计八步骤、祝智庭教授的三维整合框架和黄荣怀教授的三阶段模式。不管是国外还是国内的融合学习理论都有自己的优点和不足。本书融合教学模式主要借鉴杰瑞德·卡门和黄怀荣教授的融合学习理论，以此为理论支撑来构建融合教学策略，从而改进当前线上线下融合教学的不足。

黄荣怀教授将融合学习模式分为三个阶段：前端分析、活动资源设计和教学评价设计。前端分析是对教学环境、学习者特征、学习目标进行分析。具体而言，在教学前要充分考虑能够支持融合学习的教学环境，要充分了解学习者的学习风格、学习偏好及其他相关特点，要结合具体的教学内容设定具体、合理的教学目标，从而为后续的教学活动和资源设计提供依据。活动资源设计是指进行融合学习总体设计、单元活动设计和资源设计与开发。教学评价设计主要是通过评价学习过程、课程知识测试情况和学习活动组织情况来评价教学效果。

（四）多元智能理论

多元智能理论由美国教育学家和心理学家加德纳提出，他认为人拥有七种主要智能，并且这七种智能在特定环境中能够相互影响，从而发挥出人们的潜在价值。多元智能理论尊重不同学生的差异性，强调了多元智能不是某方面单一地使用而是综合运用，以及注重在教学中鼓励学生。

对于学生而言，学习过程中获得的"自信心"与"成就感"十分重要。多元智能理论能够激发出学生的积极进取之心。在融合教学模式下教师能够通过多种渠道与学生交流反馈，如线上交流、评论区留言、线上课程直播弹幕等，以此来更好地激励学生，调节学生学习情绪。同时该模式十分注重学生的全面发展，不是培养学生的单一学习能力或操作能力，而是调动学生多元智能发展，在线上与线下不同教学环境中调动学生的积极情绪，针对学生的个体差异提供智慧化服务，激发学生潜能。

（五）个性化学习理论

个性化学习是指根据学习者的不同学习基础、学习需求、兴趣目标以及学习偏好，深度调整和量身定制教学设计，为学生提供个性化学习体验的教学价值观及其实践。在我国，先贤孔子早在春秋时期就提出了"因材施教"的教学原则。

班级授课制被广泛使用到教学中，集中教学使得学生的个性化需求被迫趋于一致。教学效率提高，学生个体效率并没有同步提高，因为学生是独立的个体，他们所需要的是符合自己的生理、心理特性的个性化学习。在线学习环境中，学习空间、时间可以由学习者自由支配，支持学习者进行个性化学习；在线学习多样的学习平台和资源，支持学习者进行个性化学习。教师不再根据一个班的情况制定教学方案，而是根据学习者个体的学习习惯以及对学习情况的分析，定制个性化学习方案，造就每一个与众不同的个体。学生不再用同样的时间学习同样的内容，学生需要依据自身的情况、兴趣进行自主学习。个性化学习理论可有效指导在线教学中的教学组织。

（六）掌握学习理论

掌握学习理论是由美国著名教育学家和心理学家布鲁姆于 20 世纪六七十年代提出的学校课堂学习理论。该理论主要阐述了所有学生都能在掌握好的思想指导下，以班级授课制为基础，以经常性辅导为辅，为学生提供所需要的个性发展服务，从而使大多数学生都能掌握课程标准所规定的内容。布鲁姆以华虚朋、莫里森和斯金纳的教学技术和策略为基础，对卡罗尔的理论模式进行修改，创立了一套乐观、综合、有效的课堂教学理论和实践体系。特别要指出的是，布鲁姆掌握学习程序中的"反馈—矫正"一环充实了此理论。

布鲁姆掌握学习理论指导下的掌握学习程序分为四个阶段。一是为掌握而准备，即教师在进行掌握教学之前，要全面深入地分析教学目标及内容，确定教学计划，并且根据教学单元设计设定"反馈—矫正"程序。二是为掌握而教，即群体教学。教师在上课前先进行诊断性测试，了解学生的不同情况并给出相应的个性发展服务；课上进行正常的大班教学，在教学结束后进行相应的形成性评价，对没有掌握的学生提出相应的矫正策略。三是为掌握而评价。采取诊断性评价、形成性评价以及终结性评价相结合的方式对教学进行适当调整和评估。四是为掌握而矫正。对未掌握的学生实施相应的矫正性措施即个性发展服务，矫正后进行形成性评价以保证所有学生掌握内容，再进行下一单元教学。

（七）博瑞·霍姆伯格远程教育思想

博瑞·霍姆伯格（以下简称为"霍姆伯格"）是远程教育的先驱。霍姆伯格认为远程教育的特点在于自学，学生在学习过程中是一个独立的个体，学习者需要学会自我控制，进行自主性的学习。但这里的自学并不是指学生自己孤立无援地学习，而是教师需关注学生的个性化差异，为其提供有趣的教学材料、教学情境、练习作业，或是在与老师和同学的交流中得到知识。他强调远程教育是一种有针对性的双向交流活动，教师和学生之间需要建立联系，交流的语言和活动会影响学习者的情绪，可借此提高学生的学习热情并且激发学习者的学习动机。

在线网络教学是远程教育的方式之一，霍姆伯格远程教育思想为线上线下融合教学中的线上教学提供可行的教学策略。一是教学中关注学生个性化差异，这契合霍姆伯格的关注个性化的远程教育思想。不同学生在学习中所养成的学习习惯和思维方式有着一定的差别，教师需在统领课堂的基础上缩小差距，尊重学生个性化发展。二是提供材料的趣味性。在线上网络课堂中，学生与教师所处空间不同，学习者的惰性将会放大，教师的监督力度下降，学生自主学习效果大部分由教师所提供的学习材料所决定。这就要求其贴近教学内容，增加趣味性和可思考性，从而增加学习热情和动力。三是师生交流的重要性。教学是交互的过程，随着信息技术的发展，线上课堂具有视频、语音、举手等功能。但由于教师信息素养的缺失或是出于便利的考虑，教师在上课过程中继续延续线下教学模式，教学效果不尽如人意，由此说明教学过程中交流的重要性。线上线下融合教学模式需突出线上教学的优势，以霍姆伯格远程教育思想为指导，激励学生个性化的自主学习。

（八）教育传播理论

教师和知识之间的信息传播活动一直是一个热门的教育理论研究课题，部分教育研究者一直以它为方向进行研究，找出信息和知识在传播过程中的最有效途径是这项研究的终极目标，改变教学过程并实现教学理论的传播一直被人们所关注。依据最早提出的观点可知，媒介都是人自身的伸张，媒介的作用在于传播了人的思想。并且认为人使人的思想在原有的基础上进行延伸和发展，而不是传播知识的总量。这种媒介的互相作用与影响推动人类知识不断积累与创新，同时也推动人类生活向前发展。知识的传播媒介各式各样，在实际教学过程中知识通过各种传播载体，教师的口述、互联网、多媒体等都是它的传播载体。各种载体均有自己特有的传播途径与高效的传播方法，把这些传播载体合理地应用于实际的教学过程中，在教学过程中以听觉接收信息，并且结合视觉甚至嗅觉来更加深刻和高效地接受新知识。

通过合理组合各种传播方式，并对各种传播载体进行特殊设计，在这种新型教学模式下，学生接受新知识的兴趣会大大提高，降低学生的学习难度。由于每种媒体具有内在特有的传播方法，所以其传播方式也不尽相同；且各个媒体之间可进行组合应用，增加了媒体功能的可互补性。而各种知识传播途径的组合离不开融合教学设计过程。

实践教学中，在付出代价较小的情况下选择最优的媒体组合，同样可以达到较好的教学效果。在融合教学模式中，选择多种教学工具和媒体模式的最优组合，是实现优质教学的重要一环。因此在融合教学设计中选择最优的媒体传播方式还需不断实践和完善，如果对媒体选择组合得好的话，该节课的教学效果也会有所提升。

（九）教学最优化理论

在 20 世纪 60 年代中期，针对苏联教育改革中出现的教学理论研究和教学实践中的片面性、学生负担过重等一系列问题，著名教育家、教学论专家巴班斯基提出了最优化理论。他以辩证的系统论观点为方法论基础，并以整体性观点、动态观点、综合观点等观点为指导，对罗斯托夫地区的成功教育经验进行了分析和总结，并随后对所获得的结论进行了四年的实验探索研究，最终提出了较为成熟、完整、科学的教学最优化理论。教学最优化是一种方法论原则，不是具体的教学方法和教学手段。它要求教师在现有的教学环境和教学条件下，遵循教学规律和教学原则，根据教学任务、教学形式、教学方法、教学系统特征，有目的、有意识、有科学根据地选择合适的课堂教学模式，以保证实现最优化教育教学效果。其中，"最优化"一词具有特定的内涵，是相对一定条件而言的。在某些条件下是最优的并不代表适用于所有条件，是指在特定的条件下一所学校或一个班级所能取得的最大成果，具有时效性和动态发展性。

信息技术的不断发展和进步使我国社会各行各业都提高了工作效率，在教育教学领域中已经有很多与其相关的研究，例如翻转课堂、微课程教学等。在课堂中，同样可以实现信息化技术和课程教学的整合，线上教学是当前一个热潮。线上教学具有自身的优势和不足，同样，线下教学也有自身的优势与不足。在教学最优化理论的指导下，只有在了解、掌握实际情况和现有条件的基础上，使线上教学和线下教学有机融合，才能真正充分发挥线上教学和线下教学的优势，实现融合教学的最优教学效果。

（十）终身学习理论

法国著名教育家保罗·郎格朗最先提出"终身学习"这一学习理论。他认为终身教育表示一个人从出生到逝去的一生的教育以及个人同社会整个教育的有机综合。他指出如果要培养能适应未来发展的人才，最重要的是让他们学会学习的方法。《改造我们的学习》中也强调，"知识是无穷无尽的，要活到老、学到老"，培养具备终身学习能力及意识的能力型人才是新时代的人才培养需求。党的十九届四中全会也提出了积极构建服务全民终身学习的教育体系，保障全民享有终身学习的机会的要求。

在线教学由于自身教学环境、教学资源、学习方式上的特点，对参与在线教学的教师和学生提出了除课程知识以外的学习要求。信息技术知识是教师和学生参与在线教学的必备知识，对在线教学信息技术应用能力不足的师生来说，信息技术知识的学习是必要的。在线教学需要不同教学工具和教学资源的支持。在线教学不再是单一课程知识的学习，而是一种需要具备终身学习意识及能力的新型教学模式。

在线教学不仅追求学生知识的习得，同时注重学生能力的获得与发展。终身学习是参与在线教学教师、学生的必备意识及能力，同时也是"互联网＋教育"的目标之一。

（十一）活动理论

活动理论源于维果茨基的研究，活动理论认为活动是发展变化的，是人类通过一定中介与客体环境（即个体与共同体）双向交互的过程。通过活动理论以及其发展出的活动系统模型等方式理解人类活动，并逐渐应用于其他学科领域。师生分别为教学过程的主客体，以线上教学手段与线下教学手段为媒介共同开展教学活动，在这一过程中达到活动预设的目的，切实解决实际问题。同时在线上线下融合教学模式中，利用智能工具将课前、课中、课后各个环节更加紧密地衔接到一起，营造随时随地都能进行学习活动的氛围，保证学生学习的流畅性与不间断性。在对学生学习情况、讨论情况、作业情况等外部活动加以了解的同时，还能够对学生的内部活动即意志、兴趣、情感等方面进行培养。

（十二）学习共同体理论

学习共同体理论主张营造自由、开放的学习环境，注重学习者共同参与到专业知识的学习过程当中，共享学习资源、分享学习心得，互相帮助、充分沟通、有效协作，以完成最终的学习目标，促进个体成长。学习共同体具有学习者参与、共同目标、共享资源、对话、协作以及身份形成等显著特征。

三、融合教学的融合要素

融合教学中线上线下教学的融合，主要是在融合教学模式中融合类型和融合方式的基础上，从教学环境、教学资源、教学方式和评价方式四方面进行融合。

（一）教学环境的融合

融合教学融合了线上与线下的教学活动，其教学环境也可分为线上教学环境和线下教学环境，这延伸了教学的时间和空间。线下教学环境主要是校园内的班级教室、实验室、计算机室等，线上教学环境则是指基于互联网的雨课堂、钉钉等教学平台和通信工具等。当然，无论是线上还是线下，学习氛围都是非常重要的情感学习环境。在融合教学中，线下教学环境较适合复杂学习内容的合作探讨，线上教学环境较适合基础性知识和拓展性知识的自主学习。教师可以利用线上教学环境给学生布置线上学习任务并了解学生的学习情况，以供线下教学参考；可以利用线下教学环境与学生进行深入探讨、进行思维的碰撞，促进学生对知识的吸收和内化。融合教学环境将教学延伸到课外，满足了师生教与学的多种需求，给教学知识的前进式的循环发展提供了支持。

（二）教学资源的融合

融合教学是线下教学与线上教学的融合，其教学资源是线下传统学习材料和线上网络学习资源的融合。线下教学资源是指教材、作业本等学习材料，线上教学资源是指 PPT 课件、学习任务单、教学视频等网络化的学习资源。在给学生提供网络学习资源时应注意：结合学生实际情况，从多样化的网络资源中选择适合各类学生的资源，兼顾教学的重点和难点，促使学生更好地理解并应用教学知识；同时，可以在线上平台中设置趣味答题类的教学板块，以提高学生的学习兴趣与知识理解度，还可以设置拓展类知识或文化类知识，以拓展思维、渗透文化。

（三）教学方式的融合

融合教学融合了自主学习与协作学习的教学方式，改变了传统的接受学习方式，学生在融合教学中进行主动学习、合作学习、探究学习，有利于学生深入理解所学知识和提高自身的独立思考能力、交流沟通能力、团队协作能力。具体来说，学生在线上教学中进行自主学习，在课前和课后学习教师上传至线上教学平台的学习资源，并对有疑问的地方进行标注，有条件的情况下还可以直接在线上与教师和同学交流自己的问题，这有利于学生进行基础学习，为线下学习做好准备；在线下教学中进行协作学习，在这个过程中，既可以与教师进行交流探讨，也可以与小组同学进行合作讨论，实现师生、生生间的动态交流和知识共享，这有利于进行深化学习，培养学生的逻辑思维、批判思维以及创造性思维等高阶思维。总之，融合教学进行的教学方式的融合打破了传统教学的单一化状态，提高了教学效率，发挥了学生的主体性，从而促进学生的发展。

（四）评价方式的融合

在传统教学中，评价方式比较单一，大多是对学生进行总结性评价，并且是以学生的测试成绩即分数为主。这种以分数的高低来评价学生是否是优等生的方式需要加以改善。在积极倡导培养高素质人才观念的指导下，我们应该用多元化的眼光看待学生，用多种评价方式评价学生，从而促进学生的全面发展。融合教学正满足了这一需求。在融合教学中，可以通过线上教学平台所反馈的数据来了解学生的线上学习任务完成情况、参与交流情况、学习测试情况，可以在线下课堂教学中了解学生的课堂探究学习参与度、对所学知识的掌握情况、情感态度倾向等，从而进行综合性的评价，实现形成性评价和总结性评价的融合。另外，融合教学还可以进行多元主体评价，线上教学平台的数据可以为师评生、生评生、自评活动的开展提供客观性的数据支持，同时结合线下课堂教学时教师、学生的主观评价，这使得教学评价更加全面。

四、融合教学要把握的四个度

（一）要拓展教学资源的丰富度

如今网络信息化发展日新月异，网络资源也随手可得。网络与教学的联系越来越密切，越来越多的网络资源被应用到融合教学中。在借鉴网络资源的同时将教学资源进行整合，根据学校的实际情况，教师不断地进行教学资源的开发，创建融合教学的优质资源库。

（二）要注意执行课程标准的精准度

作为教师，在备课、授课过程中，一定要牢牢把握好课程标准，紧扣教材，精准把握教学内容。

（三）要发挥互动交流的便捷度

如今借助网络平台，学生把自己背诵或朗读的作业上传到共享空间，教师和学生都可以评价留言。教师还可以进行优秀作业评选，让学生投票，如评一评谁是英语口语小达人。这个方式提高了口语训练的有效性。笔头作业也可以通过班级群上传，大家都能看到自己和同学的作业，为书写漂亮干净的作业点赞，教师可以根据大家的评价选出最好的示范作业。通过这样的评价方式，激发了学生之间的良性竞争，营造出你追我赶的学习氛围。

（四）要用好时空自由的灵活度

因为疫情还未完全结束，很多聚集性活动都不能实现，而借助网络平台云游某地的方式为大家所接受。

五、融合教学的优势

融合教学是教育者们寻求线下教学与线上教学的平衡过程中应运而生的，它是在反思了线下教学和线上教学的优势与不足后，将两者的优势相融合产生的一种新型教学模式，具有以下几个优势：

（一）激发学习热情，提高教学效果

在融合教学中，师生间既可以进行面对面的学习与交流指导，还能够在课外直接进行互动与交流。这不仅使得教学方式更加丰富多样、灵活便捷，还可以给学生带来丰富的学习经历和体验，激发学生的学习热情和兴趣，从而让教学活动获得更佳的教学效果。

（二）丰富学习方式，促进全体学生发展

融合教学是线上教学与线下教学的有效融合，打破了单一化的传统教学状

态，这使得教师的教与学生的学更有弹性，促使教学方式向多元化方向发展。在融合教学中，学生不仅可以在线下接受教师传授的系统知识、与教师和同学进行合作探究教学活动，还可以在线上获取更多的学习信息和资源并进行交流讨论，这丰富了学生的学习活动方式。另外，融合教学还有利于全体学生全面发展。融合教学拓宽了教学的时间和空间，使教师根据学生的学习反馈关注全体学生的学习情况，为不同的学生设计不同的学习任务，促进全体学生发展。

（三）协调课内外交流指导活动，促进个性化发展

融合教学的线上教学为教师与学生在课下的及时反馈指导与协作交流提供方便，为教师监督掌控学生的学习进度与学习程度提供平台，这有利于协调课内和课外的教学活动。另外，教师还可以通过分析线上教学平台对学生学习行为所做的数据记录，对学生进行教学评价和为学生制作成长记录，促进学生的个性化发展。

（四）提升自主学习能力与合作学习能力

在融合教学中，学习活动都是通过线上和线下的有机结合进行的。线上学习是学生进行自主学习的过程，线下学习包括课堂教学和小组合作学习。在这个综合性的学习过程中，充分地发展了学生的自主性与合作性：一是融合教学注重培养学生学习的自主性，使学生得到更深层次的发展。自主学习实际上就是学生主动参与学习，是学生基于自身的实际发展情况和心理需求所主动表现出的基本品质，是能够对学生自身的成长发展起到积极的促进作用的有效学习；自主学习还是一种独立学习，通过自主学习可以折射出学生的潜在学习能力并且强化已有的学习基础，这是自主学习的核心品质。二是在融合教学中，学生可以通过线上线下的学习和交流实现生生之间的互补学习，从而促进自己对知识的理解和转化。

（五）高效利用时间和资源，突显学生主体地位

高效利用线下课堂教学时间和线上优质教学资源，避免有师讲无互动或有互动无师讲的窘境，突显学生的主体地位。在线上教育平台课程已经建好的前提下，教师提前布置学习任务，明确学习要求，学生课前完成线上自主学习，还能在线上讨论、提问、分享、作业；而教师则将线下课堂转变成师生之间、生生之间良性互动的场所，线下课堂不再是教师的一言堂，而是答疑解惑、合作探究、教师主

导、学生主体的活力课堂。线上线下融合教学模式改变了传统保姆式的教学方式，赋予学生更多的责任和权利，将传统教学模式的"要我学"转化为"我要学"。

六、融合教学质量评价体系

（一）必要性

融合教学具有学习场所不固定、教学手段多样化等特征，对学生主动学习要求较高。如果评价方式不当，未能激发学生的主动学习动力，则融合教学便失去意义。

1. 质量评价是反映教学质量的有效途径

进行教学模式的创新是为了不断提高教学质量，而教学质量的优劣应通过科学的评价体系进行评价。因此，构建出可实施的、能够实现定量评价的质量评价体系是融合教学顺利实施的条件之一。

2. 质量评价是融合教学实施的保障

融合教学对学生主动学习要求较高，而主动学习正是部分学生的短板。为保证融合教学质量，必须激发学生的主动学习动力。因此，构建能够激发学生主动学习的质量评价体系势在必行。

3. 质量评价可促进学习质量的提高

传统考核模式以终结性考核为主，不能体现出过程性考核的重要性。因此，必须构建兼顾过程性考核和终结性考核的评价体系，并依据课程特征合理确定评价指标权重，使学生重视学习过程，从而提高学习质量。

4. 质量评价是对教师工作成果的尊重

融合教学与其他教学模式不同，线上教学必须要有在线开放课程平台，而在线开放课程平台的搭建需要耗费教师大量的精力。同时，为保证线下教学的质量，教师也需要精心地设计，通过不同的教学方法、教学方式来调动学生学习兴趣。故而，加强过程性考核会使学生充分吸收教师传授的知识。融合教学在高校的应用越来越多，而要客观评价学习效果，必须构建科学适用的教学质量评价体系。

（二）评价原则

教学质量评价可督促教师不断进行教学诊断与改进，也可不断激励学生主动学习。融合教学质量评价应遵循以下原则：

1. 差异化原则

学生具备的知识水平不同，接受能力也有较大差别，故标准化的评价方式不适用于爱好不同、天赋不一、层次差别较大的学生。为了培养学生的沟通能力、协作能力及专业能力，应对不同层次学生开展差异化教学，评价对象亦可分为协作小组与学生个体。

2. 双主体原则

传统教学评价以教师评价为主，对学生进行评价时难免具有片面性，可能导致部分学生为获取高分只做面子工作，也可能导致真正努力学习但不善言辞的学生取得低分。为了准确、客观地评价学习情况，并使所有学生能够积极主动参与学习活动，融合教学应在不同学习环节采用互评、师评等学生与教师双主体评价方式。

3. 全过程原则

传统的评价方式将期末考试成绩作为主要的评价依据，导致部分学生不参与学习过程、不重视平时表现，严重缺乏学习动力。融合教学不但要引入过程性评价，还要提高其权重占比，突出学习过程的重要性。融合教学包括课前、课中、课后三个环节，全过程评价也体现在这三个学习环节的量化评价上。

4. 透明化原则

评价结果是课程学习的综合体现，是学生学习成就的直观反映，为保证评价结果的公平性，应保证评价过程公开透明，具有信服力。融合教学线上学习活动可通过课程网络平台查询踪迹与统计结果，线下学习活动可实现实时量化赋分，定期公布统计结果，接受全体学生监督。

（三）评价体系的构建

1. 课程资源建设

（1）课程标准建设

课程标准要经得起推敲，受行业企业专家、同类院校教师及广大学习者的认可。通过校企合作制定的课程标准完整详细且具有指导意义。

（2）视频资源建设

团队教师与企业专家交流、修改、完善脚本，做好素材收集等前期准备工作。

（3）其他资源建设

教学资源除视频资源外，还有配套课件、随堂测试、项目测试、相关规范等资源，并且通过课程平台直观呈现出课程定位、教学目标、课程大纲、评价标准、参考资料等课程介绍相关内容。

2. 融合教学设计

（1）课前线上学习

课前线上学习是融合教学实施的第一个环节，该环节主要要求教师基于PDCA（即 Plan、Do、Check 和 Act 的缩写）理念设计并持续调整课程平台内容，使其满足学生课前学习的需求。一是确定教学目标与学习项目。教学目标是开展教学活动的期望收获，包括能力目标和知识目标等。依据教学目标，进一步解析教学重点与难点。二是搭建在线开放课程平台。在线开放课程平台是实施线上学习的前提条件，平台建设质量直接影响学生学习质量。因此，平台搭建应遵循科学性、适用性与可持续性原则。三是发布课前学习任务。为保证学生课前学习效率，要求课前学习任务具有可行性与针对性。课前学习任务可按照难易程度不同设置 1～3 个，以免任务较多导致话题讨论分散。四是跟踪学生学习状态。查看学生登录平台痕迹、平台统计数据及发帖讨论内容等，实时跟踪学生学习状态，及时解答学习困惑，以确保学生学习热情、提高学习质量。

学生课前活动：一是登录平台，完成课前学习任务。登录在线开放课程平台，观看微视频，查看其他学习资源，主动完成课前学习任务。二是标记疑惑，发帖讨论。在微视频与其他资源学习过程中，如遇不解之处应做好标记，通过论坛发帖进行讨论，进行课中学习活动时可进一步交流与分享。

（2）课中线下学习

课中线下学习是融合教学实施的第二个环节，该环节主要要求学生依据课中任务单进行小组协作学习，要求教师进行指导与评价。一是小组协作完成课中任务。各小组应结合课中任务单协作完成任务。二是小组讨论疑惑点。在课中任务完成过程中，小组成员结合各自疑惑进行组内讨论，难度较大的共性问题可进一步梳理统一，然后向教师提出疑问。三是整理成果并汇报。在教师的解答与引导下最终完成课中任务，将成果整理成册，分组进行汇报并接受学生与教师的检查及考评。

教师课中活动：一是聆听。教师观察与聆听各小组课中任务完成情况，汇总典型共性与个性问题。二是指导。在小组协作完成课中任务过程时，针对各小组的共性或个性问题对学生进行启发式引导，指导学生完成课中学习任务。三是考核评价。完成课中任务后，对小组成员进行抽查，再结合小组成果汇报情况对小组进行综合评价。最后，针对各小组共性问题以及重难点问题进行集中讲解。

（3）课后线上学习

课后线上学习是融合教学实施的第三个环节，该环节主要要求学生提交作业并在论坛发帖交流，要求教师进行考核评价与发帖互动。

学生课后活动：一是提交作业，二是交流讨论。

教师课后活动：一是考核评价。针对小组学习成果以及学生个体作业进行考核并给出具体评价分数。二是平台互动。针对学习收获与学习成果，在不受时间和空间的限制下，与学生进行交流互动。

第三节 线上线下融合教学模式

一、融合教学模式的内涵

线上线下融合教学模式属于一种先进的线上线下教学运行模式。它基于融合学习理论，有效利用电子计算机技术、网络信息技术，如大数据技术、云计算技术等搭建起网络化的教育教学平台，把专业课程知识点和技能点以文档、课件、视频、动画等呈现方式发布在网络学习平台。教师带领学生在线上线下进行互动交流，鼓励学生在线上完成陈述性知识的自主学习，在线下进行过程性知识的实践学习；教师针对反馈信息给予指导，帮助学生掌握学习重点、难点和考点，解决学习疑点，从而促进学生综合能力提升。

与结合相比，"融合"有"结合后产生更好的效果"的含义。融合教学改变了线上教学和线下教学相分离的状态，使两者优势互补、相辅相成、相互促进。融合教学中应至少有两次融合：第一次融合是陈述性知识与程序性知识在工作情境中交融，实现职业工作能力的融合；第二次融合为程序性知识与学术性知识在研究探索中交融，实现提高解决问题能力的融合。

二、融合教学模式的意义

（一）实现线上和线下教学的持续发展与良性循环

通过线上与线下教学模式的融合，可以充分发挥互联网优势。学生可以通过线上课程教学资源自主预习和学习，针对重难点和疑点开展互动交流，教师在线下面授过程中可以更加有针对性地辅导和答疑。另外，教师可通过线上测试、问卷调研等掌握学生动态，根据学生的反馈、问题收集，可以持续改进和完善网络资源，实现可持续发展与良性循环，保障教学质量。

（二）提高教学质量和人才培养质量

通过线上与线下融合教学模式的实践及客观全面的教学效果评价体系，可以充分调动学生的学习能动性，增强学习的机动灵活性，激发学生的学习兴趣和潜能。实现网络资源和线下教学优势互补，巩固强化专业知识，提升课程教学质量和专业人才培养质量。

（三）促进课程体系的优化与完善

通过线上资源与线下教学的结合，教师可以有针对性地讲授重点和难点，聚焦学生兴趣点，设计多样化的教学内容、讲授方法、讨论形式和考核评价方法，调动学生的参与度，增强课程灵活性，从而优化与完善课程体系。

总的来说，融合教学模式是一种线上与线下结合、课内与课外互补、课堂教学与翻转课堂相互融合的教学形式。融合教学模式改变了教师的授课方式，能充分发挥教师引导、启发、监控教学全过程的主导作用。实证研究及数据分析表明，融合教学模式优于传统教学模式，线上线下相结合的融合教学也彻底改变了学生的学习方式，改变了学生的角色。这些改变有效调动了学生的学习积极性和主动性，提高了学生的学习参与度，增强了学生的自主探究能力，也在一定程度上提高了学生的学习成绩，提升了课堂教学效率和教学质量，尤其是在培养学生解决问题的能力、设计能力和创新思维等方面更具优势。所以融合教学非常有利于实现"课堂生命活力与教学质量的双提升"，能有效地解决当前课堂教学改革中的难题。

三、融合教学模式常见类型

（一）智慧课堂

随着现代信息技术的发展成熟，教育领域的人才培养方式发生了巨大的改变，各国更是为了促进学生的全面发展从而实施了很多新的教育方法与教育改革。现如今我们要培养的是具有"21世纪技能"的智慧型人才，简单来说就是具有生活就业技能、学习与创新技能和信息媒体技术技能的人才，让学生在学习中不断培养自身的"21世纪技能"。智慧课堂是培养该类型人才的有效途径之一，能够让学生通过调查研究、应对复杂问题和挑战等获得知识和技能。因此很多学校在这样的大环境下开展了智慧课堂教学。同时因为新冠肺炎疫情的到来，在线教育更是走入了各国各学校的教学中，令许多学生开始进入在线学习模式。而在物联网、大数据、人工智能等技术的推动下，智慧课堂能够将线上学习与线下学习紧密结合起来，为学生构建起智慧学习环境，让教育更加开放融合。

1. 智慧课堂的概念

智慧课堂的概念尚未有统一界定，学者们有着不同的理解。其内涵大致分成两类，一类是从教育学视角出发，另一类是从信息化视角出发。前者强调课堂教育不仅仅是知识的传授与被动接受，而且更注重师生情感的融合与智慧的生成，其最终目标是促进学习者智慧的产生；后者则更注重运用先进的信息技术实现课堂环境的智能化、智慧化。事实上，两种视角的认识存在关联性，运用现代信息技术构建的智慧课堂学习环境为智慧教育的产生搭建了平台，让传统的知识讲授式课堂向智慧课堂迈进，从而最终实现学习者智慧的发展。

智慧课堂能够为学生提供智慧化的学习空间以及智慧化学习理念，打破传统学习方式，使教育教学走向创新与融合，为实施线上线下融合教学模式提供帮助，教师、学生、教材在智慧课堂环境下实现动态交互。智慧课堂旨在通过智慧化环境、改革教学过程、优化教学设计等方式促进学生实现智慧学习。智慧课堂具有学习方式个性化、教学内容开放化、评价体系多样化、教师角色细化等特点。

2. 智慧课堂的特征

在构建智慧课堂教学模式之前，有必要先分析智慧课堂的特征，总结各学者的观点，概括为以下四个方面。

（1）学习环境智能化

智慧课堂学习环境与传统课堂环境有着明显不同。智慧课堂学习环境一方面能够抓取学习者学习行为过程中产生的数据，并能够通过智能数据分析得出学习者的学习行为、学习偏好、学习习惯等数据；另一方面教师能够依据学情分析数据为学习者推送个性化学习资源，以满足不同学习者的学习需求，实现差异性教学的目的。

（2）教学决策精准化

智慧课堂下教与学的最终目标是促进学习者的智慧发展。智慧课堂下的教与学能够依据大数据精准把握教学过程中各级教学目标的具体实现情况，依据数据反馈结果，对未能达到的教学目标，教师可以及时调整教学设计、转换教学策略，以促进教学目标的实现，从而最终实现教学效果最优化。

（3）教学活动多样化

智慧课堂环境支持下的教学活动较传统课堂教学活动更加丰富多彩。借助移动智能终端设备及智能软件，可以实时开展师生、生生互动交流，大大拓展和延伸了传统课堂的功能，使课堂教学更加有趣，更加人性化。

（4）教学评价多元化

智慧课堂下的教学评价不论在评价方式、评价角色，还是在评价内容等方面都是全方位、多元化的，智慧课堂可以对每位学习者学习过程中的各个阶段学习情况给出精确的评价反馈。除此之外，还包括教师和同伴的评价，人机评价相结合使得教学评价较之传统课堂评价更加科学、公正、公平。

3.传统的线下探究式学习与智慧课堂的对比

智慧课堂以培养学生信息素养、合作交流能力为目标，是一种基于云班课智能教学平台和计算机设备，以小组为单位，在教师的帮助指导下围绕确定性问题进行小组合作探究，获取、分析、处理知识的学习活动。传统的线下探究式学习即学生针对需要解决的问题，在教师的帮助与指导下自主寻求答案的过程。其中，教师进行的资源推送和评价与反馈相对滞后，学生不能及时在课堂上接收与改进；学生探究过程中遇到的困难教师无法及时掌握、学生无法及时获得解答。而在智慧课堂中，教师与学生的课堂行为与探究进展都能及时地被记录与评价，大大提高了课堂教学的效率与效果。传统的线下探究式学习主要分为以下几个环节：确定探究问题、设计探究活动、实施探究活动、记录探究结果、总结探究结论。智慧课堂学习的环节主要是，课前：学情诊断、资源收集与整理；课中：情景引入、引导探究、资源推送、即时反馈、交流评价；课后：互动评价、归纳总结。在整个学习环节中两者存在一些明显的差异，下面将从五个方面对二者进行对比。

（1）学情诊断

传统的线下探究式学习活动都是在课上进行的，进行合作探究需要分组时很少会提前对学生进行学情诊断并依据学生的具体状况进行分组，只是在课上进行一系列的探究活动，重点只是探究活动设计。智慧课堂学习则需要在合作探究前依据学生的学习风格进行科学分组，确保学生的合作探究科学有效。预先了解学生对基础知识的掌握情况，有准备地进行探究活动设计，以便达到更好的探究效果。

（2）资源推送

在传统的线下探究式学习中，在没有技术参与的情况下，教师一次性下发全部资源时，学生容易因资源过多而陷入混乱，查找起来也相对麻烦；教师分批下发资源费时费力，会影响教学效果，降低探究效率。而智慧课堂学习可以基于智能教学平台对学习资源进行推送，不管是一次性还是分批次推送，学生都可以在资源处准确、及时地找到自己所需的资源并反复查看，省时省力且大大提高了教学和学习效率。比如在学习沪科版高中信息技术必修一中的两个项目时，教师将学生在探究时可能用到的资源在课前全部进行推送，学生课上学习时可以在资源处找到对应的资源进行反复学习。

（3）探究过程

传统的探究学习过程中，学生会将探究过程以纸质版任务单的形式进行记录与上交。尽管学生可能在此过程中进行了一定程度的探究，但由于课堂原因教师无法时时关注每位学生的探究情况，难免有同学在此过程中偷懒，没有实时进行探究并及时填写任务单。而智慧课堂的探究则会要求学生实时上交自己的探究学习过程，学生在此过程中无法偷懒摸鱼，这能明显提高学生的探究意识和参与度。在学习算法与程序设计这一项目时，不管是学生探究还是自主学习任务，都需要在探究或任务结束后及时提交至平台中的活动处，教师可以实时看到学生的上交结果并进行评价与反馈。

（4）即时反馈

传统的线下探究式学习中，学生得到自己的探究结果反馈一般是在下节课，历时较久，容易导致学生知识点的遗忘并失去学习兴趣。智慧课堂的探究式学习在探究的各个环节都与智慧型教学平台紧密配合，教师会在学生上传探究结果后的第一时间及时进行评价，学生收到反馈提醒后可在任意一个想学习的时间段登录账号查看反馈，及时调整探究成果与总结。

（5）交流与评价

传统的线下探究式学习的分享与互动，都是在课上教师抽选个别有代表性的探究结果进行分享、交流与评价。而智慧课堂的探究式学习中，学生登录学习平台后就还可以互相查看学习成果，进行交流与互评，反思自己的不足，进行自我评价并总结相关经验。这样的交流评价有效地提高了学生间的互动指数和学习积极性等。

总的来说，在教学的各个环节，基于智慧课堂的探究式学习都与传统的线下探究式学习有着巨大的差异。

4. 智慧课堂教学模式的实施原则

（1）坚持学生为主体的个性化学习

在对融合教学的概念进行分析的过程中，不同学者对这种教学模式的见解不同。其中主要包含两项共同的关键含义。首先就是在开展这种教学的时候，教师一定要以建构主义学习理论为基础，从学生的发展特点出发，不管是在线上的教学中还是在线下的教学中都要积极强调以学生的学习为中心，加强对学生知识能力的培养。

其次是学习方式，要将在线学习与线下学习有效融合，这是融合教学模式的主要特点。在智慧课堂上，应用融合学习模式可以为学生挖掘更多的学习资源，让在线课程成为融合文字、视频和探究任务等资源的系统化资源，学生可以在此过程中确定学习的任务，自己对学习进程进行控制。由于在线课程具有一定的开放性，它可以帮助学生在实际的学习中发挥自己的主体作用，从而进一步提高学生的学习能力。

（2）线上自主探究和线下协作研讨融合

在智慧课堂中，教师不能只重视学生的线上教学，还要加强学生在线下的合作，通过线下对相关知识的讲解，积极引导学生在线上对相关的问题进行有效解决。这样才能保证融合教学模式应用的有效性，实现在线学习与线下学习的有效融合。在此过程中，教师还要借助计算机和智能手机等工具，积极指导学生根据学习任务在智慧课堂上完成教师所布置的任务，开展个性化学习活动；帮助学生自主选择课程内容，从而不断提高学生的创新能力，满足新课改对学生综合发展的要求。

由于完全的在线学习存在一定的局限性，如学生在学习中难以聚焦学习主题，导致学习低效。因此，面对面的线下学习也是非常重要的。要想在满足当前智慧课堂要求的同时提高教学质量，加强教师与学生之间的互动，就要加强线上探究和线下合作的有效性，这也是加强理论与实践有效融合的主要措施。

5. 构建高校智慧课堂教学模式

智慧课堂教学模式包含智慧教学目标、实现条件、智慧教学活动及智慧教学评价。

（1）智慧教学目标

智慧教学目标是实现学生智慧发展的终极目标，该目标的实现还需要依据教学内容制定分级分步骤的具体目标，如从一节课的教学目标到本章的教学目标再到阶段性目标，最终实现智慧教学总目标。

（2）实现条件

智能移动终端、智慧学习环境、智慧学习资源是智慧课堂教学实施的基本条件。智能移动终端包括智能手机、智能手环等移动终端设备。智慧学习环境包括两个方面，一方面是硬件环境，另一方面是软件环境。硬件环境包括支持智慧教学活动的所有硬件设施，包括桌椅板凳、计算机、无线路由器、平板电脑等；软件环境包括与硬件设施配套的教学实施及管理平台、数据收集和分析软件等。这些平台能够详细捕捉师生教学过程中所产生的数据，并使之可视化，从而帮助教师根据数据分析结果做出科学的、准确的教学决策，提高教学效果。智慧学习资源是支持智慧课堂教学所需要的资源，具有智能推送、情境感知等特征。智慧学习资源一方面来自在线学习平台，另一方面来自智慧教学过程中生成的资源。

（3）智慧教学活动

智慧课堂教学活动分为三个阶段，即课前、课中和课后。课前活动包括教师在平台创建智慧课堂虚拟学习空间、导入和发布课程学习资源、创设情境、布置课前学习任务、课前测试等，学生进入学习空间在线预习，完成课前学习任务；课中活动包括教师运用移动终端发起课堂活动，如一键签到、投票、随机回答问题、抢答、头脑风暴，发布课堂任务、疑难解答、课堂评价，学生完成小组任务、作品展示、师生互动交流等；课后活动包括教师课后教学反思、跟踪指导、个性化资源推送、师生交流评价，学生学习反思、课后任务完成、个性化学习、生生交流互动等。

（4）智慧教学评价

智慧课堂教学评价采用多元评价法，即评价主体多元化、评价方式多元化、评价内容多元化。评价数据来源于线上和线下两类评价。线上评价贯穿于教学过程中的各个教学环节，主要是学生线上学习行为产生的数据，包括线上学习习惯、学习偏好、学习成效等。线下评价主要是在课中实体课堂上学生的学习状态、学习成果等。

智慧课堂是促进学习者智慧发展的有效途径，也是当代高校课堂教学改革的必然趋势。目前，各高校积极建设智慧课堂教学环境，为智慧课堂教学提供了软硬件支持。同时高校教育工作者面临着前所未有的挑战，一是自身信息素养的提升；二是数字化学习内容和资源的持续更新；三是在新型学习环境下智慧课堂教学模式的有效实施。这三项挑战都将是决定智慧课堂教学改革成败的重要因素。

6.智慧课堂教学模式的应用

（1）完善多元化的课程考核机制

学生在智慧课堂中可以对多种课程资源进行学习，但是这种模式在考核方式上还存在一些问题，教师在此过程中不能实现对学生的面对面监督，这会影响考核结果。因此，为了加强线上和线下教学模式的有效结合，创新考试考核方式，要积极采用分阶段多元化的考核方式，完善课程考核机制，实现对学生线下和线上的双重考核。教师在此过程中一定要发挥自己的监督作用。在对学生的成绩进行评价的时候，还要采用线上分阶段考核制和线下多元化考核制的有效结合，进而不断提高考核的准确性。

例如，将课程考试形式设置为线上和线下的双重考试，主要结合考核内容，按照三个阶段将其分为三次考试。在线上对学习成绩进行分阶段公布，学生在此过程中可以对自己的成绩有一个基本的了解，然后加强对自己在线学习进度的控制，最后教师还要对不同阶段学生的考试情况进行综合评价。还可以定期拍摄符合教学内容的视频短片和小视频等，让学生掌握正确的学习方式，及时发现自己在学习中的错误并加以改正。

智慧课堂线上线下融合教学模式是一种全新的教学模式，它能实现传统课堂教学模式与智慧课堂教学方式的优势互补，大大提高学生的学习效率，让学生在具体的学习中获得更多的知识。在以前，课上能给学生15分钟进行自由讨论就不错了，更别说让学生看视频了。智慧课堂的出现有效解决了这些问题，学生有更多时间可以对知识的深度进行挖掘。但是，线上教学还存在一定的局限性，即教师不能直接发现学生学习中的问题。然而，智慧课堂线上线下融合教学模式在教学中的应用，可以同时完成上述所有任务。因此，要不断完善课程考核机制，丰富融合模式的教学内容，从而为促进学生的综合发展提供保障。

（2）掌握"线上"+"线下"融合教学实践内容

智慧课堂线上线下融合的教学平台不仅提高了教学质量，还满足了教师体系化教学制定的双重需求，但是在对其进行应用的过程中，教师要清楚其中的实践教学内容。在课前，教师要对学生发布在线学习资源，然后积极引导学生在智慧课堂上完成课外的学习目标。这种教学模式为轻松打造翻转课堂提供了基础。在智慧课堂中，新增"二次答题"等功能，还能在实现高质量教学的同时，对学生的基本学习情况进行分析，更好地帮助老师进行精准教学。在线下面授阶段，还可以帮助教师结合学生在线自学的情况，对学生在学习中所遇到的难点和易错点进行深入讲解，积极指导学生进行协作，让学生在合作学习中对复杂的知识有一个基本认识。

在此模式下，教师要积极引导学生对知识主动探索，对学生"线上"+"线下"融合教学实践中所遇到的问题进行整合，帮助学生实现对所学知识的吸收。因此，在搭建智慧课堂教学平台的过程中，教师不仅要认识到这种教学模式的特点，还要对线上线下融合教学的实践内容进行分析，这样才能保证这种教学模式在我国教育中的有效实施。

（3）完善融合教学的指导机制

要想保证这种模式在教学中顺利实施，需要有一个完善的指导机制，这样才能促进传统教学模式改革与课程信息化建设。这就要求各大院校要完善智慧课堂线上线下融合教学模式指导机制，发挥教师的指导作用，提高教师对此模式的应用能力。采用融合教学模式开展教学活动，可以有效发挥大数据统计和在线互动等多种优势；还要实施线下师生面对面教学，主要加强学生与教师之间的交流和互动，让教师在互动中传授知识，针对学生的实际情况开展教学活动。另外，还要对学生的具体学习情况和学习效果进行检查，及时发现学生学习中的问题，然后给予正确指导，为智慧课堂线上线下融合式教学模式在教学中的有效实施提供条件。

7. 智慧课堂的实践流程

基于智慧课堂的探究学习流程为：前半部分主要是学生对知识点的学习和掌握，后半部分是在掌握知识的基础上进行探究实践活动。

课堂实践的教学环节和学习环节通过技术手段进行了有效连接，并支持后续的探究学习，学生的学习环节和探究环节是整个课堂的主要部分。课堂实践中使用的云课堂智能教学平台是移动互联网与教育融合的产物，它使用的移动云技术让学生在下课后也能随时随地获得反馈和教育资源。

在云班课教学系统中，教师可以随时进行互动式教学活动，例如发布头脑风暴来集思广益，发布限时的活动任务，共享交流探究成果等，并即时反馈。老师发布的所有课程信息、学习要求、微型视频和其他学习资源都会立即上传到学生的账户，学生登录自己的账号后即可查看并进行学习；同时在每个学习项目结束后，教师可以查看每个学生的学习情况并评估学习效果。

（1）教学环节

情景引入，提出疑问：教师首先提出疑问，将学生引入一个情景中，将此疑问通过云班课智能教学助手推送给学生。

资源推送，活动发布，即时反馈：教师对通过云班课平台推送的学习资源进行讲解，引导学生利用学习资源进行学习，掌握基础知识。及时通过头脑风暴、测试题、作业等检验学生的知识掌握情况并及时反馈。设计资源推送这一教学环节的主要目的是进行基础知识的学习，为后期的探究做好知识储备。

补充资源推送，引导探究：教师根据教学目标和教学计划将之后探究所需资源通过云班课教学平台推送给学生，及时反馈；学生根据推送的资源进行学习、探究，及时将探究结果上传，教师进行及时反馈和个性化指导。

总结评价：教师对探究的整个过程和探究的结果做出评价，总结学生在探究中遇到的问题和出现的错误。

（2）学习环节

学习环节中设置一系列学习活动任务，目的是对探究前所需的知识进行掌握，为探究学习做准备。学生在学习了教师推送的学习资源，完成了一系列的学习活动任务并提交至云班课平台后，教师和学生共同进行总结及交流，在充分掌握知识点的基础上进行探究式学习活动。

解决问题：学生解决或完成教师上传到云班课平台的问题或任务，解决的过程中充分融入教师所设置的情境之中。

头脑风暴：学生掌握教师推送的学习资源时，根据学习资源和教师推送的问题进行头脑风暴，创新性地回答问题，为正式探究做准备。

猜想与验证：学生根据教师推送的补充资源进行实践探究，在此过程中不断验证其猜想，进行试错。

反思与整理：将每一步的猜想、假设上传至任务单，在教师进行反馈之后修改、整理与反思。

拓展提升：在教师进行总结评价之后，学生可以在云班课平台上看到其他同学的探究过程并进行交流分享，从而得到一定的拓展和提升。

（3）探究环节

学生通过解答教师所提出的疑问明确具体的探究任务，在小组内分配任务；根据具体任务来明确具体问题和具体步骤，然后进行步骤实施；在正式探究时不断调整猜想、解释猜想、分析原因，并将探究的一系列过程（包括具体任务、具体问题、具体解决步骤、具体猜想及原因、最后的验证结果）填写至探究学习任务单并上传至云班课平台；教师进行反馈，学生共同探讨、总结及交流，最后将所学知识进行迁移应用。

（二）翻转课堂

在实践教学中，教学模式成功完成了从"线下"到"线上"的转换，广大教师通过积极投身在线教学探讨与实践，逐渐摸索出了一些教学的规律与经验；学生也逐渐适应新的教学模式，可以更好地发挥自己的主观能动性，独立完成思考和学习。据数据显示，由于在线教学的开展过于仓促，大部分在线教学效果不理想；并且当前新冠肺炎疫情防控形势持续好转，在线教学已不再是开展教学活动的唯一方式，部分教师开始尝试将传统教学和在线教学的优势融合，开展翻转课堂教学。在这种在线教育普及全国的情况下，制约翻转课堂教学的多个因素被逐个突破，可以更好地推动翻转课堂教学模式在之前没有教学条件或教师不具备教学能力的学校开展。

1. 翻转课堂概念

翻转课堂（Flipped Classroom）是把传统课堂中教师在课堂上讲授知识、学生课后解决问题的教学模式颠倒过来，变成学生课前学习教学视频，课堂上则在教师的指导下进行问题解决、合作探究等深层次学习活动。翻转课堂也被称为翻转教学、颠倒课堂等，区别于传统模式，它颠倒了课堂教学的顺序，通过将课堂时间交给师生进行交流来完成知识的内化，课前把录制好的视频交给学生自学来进行知识的传授。以学生为中心、师生协作完成教学任务的课堂能够充分发挥学生的主观能动性，使他们更深入地参与到教学活动中。这种"先教后学"的教学模式最早出现在 2007 年，在美国的林地公园高中，受地理环境的影响，每逢糟糕的天气情况，很多学生都无法按时到校完成当天课程。为了解决这个问题，该校教师尝试着将录制好的教学视频上传到 YouTube 网站，方便那些缺勤的学生随时随地下载观看。在此基础上，他们逐渐开始了更进一步的探索，决定以让学生在家看视频来学习知识为基础，把节省出来的课堂时间用来完成作业或者为有困难的学生进行指导、解惑。这种模式就是当前"翻转课堂"的雏形。

翻转课堂是一种新型的教学模式，在此过程中，学生可以在课前通过教学视频进行预习或自学，待上课时可以和教师针对该课程进行讨论分析、答疑等不同于传统教学课堂的活动。翻转课堂具有"活"的特性，因为在其实施过程中，学生和学生之间以及学生和教师之间必须相互配合。翻转课堂一改传统的教师主导局面，转为了学生主导，教师对学生学习起促进及指导作用，变身为"幕后人员"。学生在学习中化被动为主动，实现学习的时间自由、地点自由，并且能够自主掌握学习内容以及学习进度。协作学习中，学生要通过翻转课堂中所学的内容做出归纳总结，并和教师、同学不断地、反复地交流反馈。

在这样的课堂教学模式下，学生可以根据自己的时间自由安排学习，随时调整自己的学习进度和方式。在不受空间和时间限制的条件下，学生的学习偏好也会有所改变，这样有助于他们学习新的知识并乐于探究知识，以此来达到深度学习的学习效果。同时，教师的角色也发生了转变。他们不再是课堂的主导者，而变成了学习上的指导者、帮扶者，根据学生的前期准备情况合理地安排教学策略；通过对学生的学习习惯、学习偏好的观察，整合出适合学生的学习资料，并能够及时地给学生提供指导，帮助他们解决问题，为他们创造良好的学习氛围。笔者认为，这样重复进行知识内化的过程就是翻转教学的真正内涵，它以学生为中心，通过师生、生生间的互动最大限度地让学生进行自主学习，提高了学生的积极性，锻炼了语言表达能力和合作能力，体现了个性化教育。

翻转课堂虽然会采用视频教学，让学生通过网络获取课程信息，但是与网络教学最大的不同点在于，翻转课堂并不会压缩线下的课堂教学时间。翻转课堂的本质是重新调整课堂内外的时间，重新调整教师和学生之间的关系，在课堂上应以学生为主体去获取知识，而不是以教师为主体去讲授知识。具体来说，在翻转课堂这种教学模式中，学生在课堂外通过视频、网络、电子书等各种形式学习相关学科知识，教师不再占用课堂时间讲授知识。而在宝贵的课堂时间里，学生可以与教师讨论、交流学习中的疑难点，教师也可以组织学生共同完成课题项目，解决更深层次的知识应用问题，引导学生主动思考所学知识。

因此，翻转课堂虽然起源于网络视频教学，但是其重点不在于采用网络视频教学，也不是为了压缩线下课堂的时间，而是让学生的学习由被动变为主动，使教师的角色更加多元化。

2. 翻转课堂模式解读

当前倡导翻转课堂模式，应当超越对翻转课堂的简单、僵化理解，重点需要实现以下三个方面的超越：

（1）超越形式，深刻把握翻转课堂的本质内涵

翻转课堂的核心本质在于通过将面对面的课堂教学时间用于深层的有意义的学习，培养学生高阶的能力和素养。这是翻转课堂区别于传统课堂的核心标准，凡是能够实现这个目标的课堂都可以被称为翻转课堂。视频、智慧教室、合作学习、交互工具等元素只是实现这个目标的形式和手段，并不是翻转课堂的本质特征。

（2）超越模式，有效应用翻转课堂的教学原则

翻转课堂本质上是一种有效教学模式，是有效教学在当前信息化时代的一种突出的表现形式。翻转课堂的本质内涵体现为有效教学原则。实施翻转课堂的关键不在于追求某种模式化的标签，而在于教师在教学中是否有效应用了这些教学

原则。与翻转课堂相关的教学原则包括：教学目标需要分层分类，要重点培养高阶目标；要尽量把低阶目标移到课外，把课堂时间用于培养高阶目标；学习起始于经验，教师讲授新知识之前要创造机会让学生进行适当的探索和体验；学习分"早中后"三个阶段，教学需要依据这三个阶段的特点进行设计；讲授要基于学生当前的认知活动和问题展开，适当使用测试题，进行答疑和反馈；教师在教学中要创造机会满足学生自主、归属和胜任力的需求；要发挥评价的诊断、强化、调节和教学作用，把评价融入教学全过程；要适当使用信息技术促进教学。只要教师在教学中应用了这些原则，那么这种教学就是有效的、先进的，至于是称之为翻转课堂还是其他名称则并不重要。

（3）超越定式，切实符合具体的教学情境

教学受到多方面因素的影响，有效实施翻转课堂还需要与具体的教学情境相结合，根据实际教学需求选择合适的教学模式。本书希望通过对多种翻转课堂模式的分析，帮助教师找到一种既符合翻转课堂理念也适合自身教学实际的模式。翻转课堂并不存在定式，只有适用于不同教学情境的变式。而这些变式是否叫作翻转课堂并不重要，重要的是它们满足并解决了特定的教学需求和问题，是一种有效的教学模式。

总之，打破翻转课堂定式需要在深刻把握翻转课堂本质内涵的基础上，将翻转课堂所体现的教学原则有效地应用于具体的教学情境之中。只要能够做到这些，即使无翻转课堂之名，也有翻转课堂之实。未来，随着这些理念和做法被普遍接受和使用，并成为教学新常态、主流，"翻转课堂"一词也终将消解，因为已无"传统课堂"可翻转。也许到那一天，教学质量才有了质的提升，教育也将迎来全新的时代。

3. 翻转课堂教学基本特征

（1）教学资源的信息化

在传统的教学模式中，教材或教学课件一直是教学资源的主要呈现方式，单一的呈现方式会令教学显得枯燥。而翻转课堂模式下的教学资源则在这方面具有一定的优势。我们知道，多样化的学习资源可以为学生提供多样的学习方式、辅助工具，提高学习兴趣，帮助他们完成学习任务，从而提高教学效果。并且在实施教学之前，教师要明确教学内容的分配，哪些是可以放在课前的自学视频里的，哪些是需要在课堂上重复讲授的，哪些是需要扩展的。

（2）教学环境的灵活化

在传统的教学模式中只有一个教学平台，那就是教室。以往我们认为，一旦离开教师，学生的学习就会失去指导，导致教学活动无法顺利进行。而翻转课堂的学习环境是灵活多样的，学生可以根据自己的时间选择合适的学习时间和地点，甚至为自己制定课程学习目标。学生可以不受限制地选择学习场所，好的环境和心情可以增强学生的学习动机，环境的灵活化在帮助教师顺利开展教学的同时也满足学生的需求。

（3）教学活动的个性化

在以往的传统教学中，我们一直强调教师的主导作用，导致学生的主体地位常被忽视。在班级授课制下，由于学生的差异性，相同的知识传授会带来不同的教学效果，忽略了学生的个体差异和个性化发展需求。这与我们的教育初衷是相违背的，而翻转课堂的教学模式弥补了这一不足。在翻转课堂中，学生课前观看教师提供的学习资料，课堂上教师通过师生互动、生生协作沟通来实施教学。在课堂的准备过程中，教师需要根据学生课前学习任务单的真实完成情况来规划教学的具体内容以实现个性化教学。这样可避免教学资源的浪费，教师可以有更多的精力来帮助后进生，从而实现个性化教学的目标。

（4）教师角色的转换

在新时代，教师应该在课堂上扮演什么样的角色一直是教育界讨论的热门话题。传统课堂中，学生获得知识的主要来源就是教师，他们按照教师提前设定的教学步骤被动地接受知识，把复习和巩固的时间留在了课下。这样就会导致学生在复习过程中遇到难题无法及时解决等问题，长此以往，学生的学习积极性、主动性都会下降，主观能动性就无法得到良好的发挥。而翻转课堂对教师和学生都提出了更高的要求，教师不再是课堂的主宰者，学生也成了主动的学习者和探究者。在这个过程中，教师扮演着指导者和学习促进者的角色，学生能够积极地参与到教学活动中去，在兴趣和教师的引导下完成知识的学习，然后带着问题参与课堂上的协作交流，完成知识的重复内化。

4.翻转课堂教学能力的构成要素

（1）意识与态度

开展翻转课堂教学的意识与态度，即对翻转课堂的认识及对它的应用偏好。翻转课堂应用普及的第一步就是教师教学观念的改革。教师需要尊重学生在教学活动中的地位，树立因材施教的教学理念，注重学生的高阶思维培养，有意识地培养学生的自主学习能力和主动改革的积极意识。同时具备主动学习的意识，掌握翻转课堂的理论知识。

针对教师实施翻转课堂的意识与态度，可以从教师对翻转课堂作用的认识、接受度、使用偏好、使用频率、关注度等几个方面来阐述。具体可从以下几方面探究：教师对翻转课堂的作用是否有清晰的认知；是否了解翻转课堂的应用知识与技能；是否会主动进行信息化教学；是否具有实施信息化教学的偏好；是否有意培养学生对信息化教学的接受度；是否关注翻转教学的发展等。具有了一定的意识与态度，才能更好地实施翻转课堂教学，这也是使翻转课堂教学发挥作用的大前提。教师对翻转课堂的作用达到一个清晰认知水平的时候，才能够更好地将其应用到实际的教学活动中，才能够通过对翻转教学的学习、应用不断提升自身的教学能力。

（2）信息技术应用能力

信息技术的应用能力，即信息技术的应用意识与操作能力。首先，微课程资源的整合与制作。视频学习是翻转教学的一个重要分支，为了给学生提供适合的教学视频，教师需要具备良好的视频录制及编辑能力。其次，多媒体的应用技术。教师需要掌握多媒体教室的一般操作流程，并能解决常见故障。最后，教学软件的应用能力。教师应具有发布任务并获取数据的能力，并具有评价意识。教师的信息技术应用能力是一种以学科的理论和实践能力为基础，包括信息化教学态度、信息化教学理念及信息化教学技能的教学能力。对于其概念的理解，出发点不同，人们有着不同的看法。从教学活动中教师担任的角色出发，即完成信息化教学所具备的相关能力。教师作为教学活动的发起者、引导者，明确的信息技术标准可以帮助教师明确目标，保障教学活动的顺利进行。从教师的知识结构出发，即教师整合技术的学科教学法知识。要明确教师在信息化教学活动中需要有哪些知识结构，有利于教师专业素养的培养和发展。

5. 翻转课堂的发展展望

翻转课堂是一种新的教学模式，颠覆了传统课堂的课内和课外教学，将传统课堂的课外教学变成学生课外的自学内容，而将传统课堂的课内教学变得更有效率、更有意义。翻转课堂是一种全新的尝试，无论对于学生还是教师，这种新的教学模式都是一种极大的挑战。当今世界的发展速度已经远远超出预料，未来无论是人工智能还是 5G 通信技术，新知识的层出不穷也远远超出学校教育的速度。

因此，能力培养、思维培养、创造力培养已经超过了知识灌输的重要性。而对于教师和学校来说，让学生获得这些抽象的能力比获得具体的知识更有挑战性。翻转课堂的教学模式，正是探索这些对学生未来起到关键作用的能力培养的一种全新尝试。因此，在有条件的学校，翻转课堂是传统课堂升级革新的一种尝试。以计算机通信课程为例，学生可以在课外通过网络或书籍自学 TCP/IP 的协议，然后在课堂上由教师指导，进行实际网络系统的搭建。从局域网到广域网，学生可以将自己所学的知识应用于实际的网络系统，全面提高学生的动手能力和工程设计能力。而对于一些专业基础课程（如数字电路等），学生可以课外自学基本的数学公式、定理等，而课内教学可以集中于电路的分析和设计，让学生在实践中掌握知识。

四、融合式教学平台——课堂派

（一）课堂派介绍

由北大学生开发的在线课堂管理平台——课堂派是一个功能十分强大的平台，它可为老师及学生在日常的教学中提供多种教学所需功能。课堂派平台缩短了老师与学生的距离，促进教师与学生实时沟通，使师生之间的互动变得更加简单，让学生获得更好的学习体验，进而提升教学效果。

（二）课堂派的核心优势

融合教学的实现必须要依靠一个功能齐全、操作简便的技术平台。课堂派在线教学平台的高效性主要体现在以下几个方面。

1. 任何人均可免费注册、登录课堂派

进入课堂派界面后，选择教师身份就可在课堂派中免费建立班级；且无须进行各种身份验证，简单便捷即可创立课程。

2. 课堂派可支持多种类型客户端使用

课堂派在手机、平板、PC端均可使用。除此之外，课堂派无须安装，可通过关注课堂派公众号或者打开浏览器即可使用此平台，为用户提供了许多便捷之处，避免手机软件过多的烦恼。

3. 操作便捷

教师建立班级后，学生扫码即可加入老师建立的班级。此平台支持各种格式大文件的发送与上传，且学生可选择在线观看与离线观看两种形式，随时随地可以进行观看。

4. 注重学习互动性

课堂派提供了丰富的互动功能，签到、投屏、讨论、抢答、测试、考试等，教学环节涉及的内容几乎全部涵盖；且游戏化的学习机制能够激发与维持学生的学习兴趣。

（三）课堂派的主要功能

课堂派包含了考勤、互动课件、作业、测试、资料、腾讯会议、公告、话题、互动答题、成绩管理、学情分析等功能。考勤方式多种多样，有传统考勤、数字考勤、GPS 考勤、扫码考勤、签入签出考勤等方式，根据不同场所、不同需求选择考勤方式。互动课件可从备课区或者课程中直接导入，通过选择相应的章节与应用环节（课前，课中，课后，期中，期末）直接发布给学生，有极强的灵活性；且支持 PPT、Word、PDF、Excel 等多种格式，极具兼容性。

此外，教师可在后台查看学生是否已经学习及学习的时长。教师在每个学习内容中均可设置互动答题环节，随时随地掌握学生的学习效果，并能够清楚知道学生的疑惑点，以便后续教学的开展。作业题型由论述题、选择题、判断题、简答题等多种不同的题型组成。在发布作业时，教师可根据作业的数量等特点安排提交作业的时间，以便于督促学生按时完成作业。而在作业批改方面，对于客观题，无须教师批阅，系统直接匹配批阅，减少了教师的负担；至于主观题，系统会直接给出查重率，对于查重率较高的同学，教师可采用直接打回的方式，提醒学生继续完成本次作业。对于作业完成较好的同学，教师还可以把他的作业进行实名或匿名分享，展示给其他同学。

测试可分为随堂测试与课后测试。在发布测试题时，题目顺序可以随机打乱，以防学生之间相互借鉴；且多选题与填空题的计分方式均可按照需求自行设计。除此之外，为了保证测试结果的客观性，教师还可设置不允许复制试题、粘贴答案，答题过程不可回退且切屏后强制交卷，不允许多设备答题等操作，更客观地了解学生的真实水平。对于未按时交卷的学生，可采用催交方式加以提醒。经批阅后，后台会显示测试分析，例如某题的正确率较低、哪些学生的错误率较高，均可查看，使得教师可以更充分了解学生的知识掌握程度，以便于后续教学过程的实施。

资料可分为学习资料、录屏资料以及直播录像资料。通过资料区可发布一些微课、视频、文本等各种学习所需资料。腾讯会议主要用于线上授课学习。可在课堂派中预约时间并推送至学生，随后学生通过点击相应链接听课。而且在直播过程中，课堂派会实时录制并存于资料库中，方便学生日后随时随地查看。公告用于发布如停课通知等重要通知，实时推送给学生。发布话题后，学生可在评论区畅所欲言，表达自己的感想，促进师生互动。

教师可在直播或者上课过程中开展互动答题活动，以便于活跃学习气氛，且实时了解学生对于本部分知识的掌握程度，还可侧面反映出学生是否在认真听讲。总成绩包含作业成绩、测试成绩、互动课件成绩、资料成绩、互动答题成绩、话题成绩、考勤成绩、表现成绩。学情分析涵盖了每一个活动，定量分析线上学习效果，分为整体分析与学生分析两部分。整体分析是指本班的整体情况，例如互动答题情况、参与话题讨论等情况。而学生分析则是针对某一学生的近期学习状况的分析，可使教师有效掌握该生的学习近况以及学习态度。学生在每节课后均可进行课堂评价。学生通过此平台指出本节课的不足之处，方便教师改进教学。

课堂派可支持面授教学、线上教学、融合教学等多种教学方式。在面授教学环节中，可通过互动答题、抢答等方式活跃学习氛围。而在线上教学过程中，教师可以动态掌握学生的查阅情况，通过后台实时查看学生的学习进度以及学习总时长，及时督促学生学习。而且教学评价更侧重于过程性评价，所以课堂派为融合教学的实施提供了强有力的技术支持。

（四）课堂派的应用策略

通过对课堂派功能的相关介绍可以看出，课堂派的功能繁多，针对不同的教学环节使用相应的教学功能，会使教学效果达到最优化。前文从自主学习、授课、练习、辅导反馈、学习项目管理等教学环节入手对课堂派的功能进行分类，课堂派平台可以通过互动课件与资料功能来帮助学生进行自主学习。教师在资料区发布相关资料以及在课件区发布课件，实时查看学生的查阅进度。在课件中，教师还可增设一些相关问题，方便学生在查阅课件的同时思考并回答问题，可促进学生更有效率地自学。若学生在自学过程中有疑惑，也可在注释区进行标注，一方面方便学生明白自己疑惑之处；另一方面，教师也可通过后台查阅找出本节课学生存在的普遍问题，有利于调整教学活动。

在授课过程中，教师可通过腾讯会议进行直播授课。而且课堂派平台提供全程录制功能，方便学生课后查看。除此之外，为了增加教学趣味性，并随时检测学生对本部分内容的掌握程度，可随时发布话题以及互动答题等活动，以便于学生积极融入讨论之中，各抒己见。而学生的意见则会以关键词的形式展现在大屏幕中，方便教师找准学生的核心观点，极大提高了课堂教学效率以及学生的课堂参与度。

教师可通过发布测试与作业来了解学生对本节课的掌握程度。在发布作业或者测试题时，课堂派支持多种题型，除了文本题型之外，教师还可发布语音作业，学生上传相关语音或视频，作业类别多样化。通过多种途径来掌握学生的学习情况。

辅导反馈功能主要可通过发布讨论题、发布相关学习资料以及腾讯会议的方式体现出来。当教师发现共性问题时，便可在讨论区发布讨论话题，并上传相关资料，学生可在评论留言板上各抒己见、畅所欲言，共同解决问题。而当遇到了实在难以理解，或者在课堂上大部分学生均没有掌握的内容时，教师可通过开启腾讯会议的方式再次帮助学生掌握该部分内容，且学生还可通过查看回放直播内容进行复习巩固。

在学习管理方面，教师可通过启用签到功能来统计出勤情况。课堂派也可通过实时跟踪每位学生的学习时长、发言状况等汇总出每位同学的学习近况，方便教师实时掌握每位同学近期的学习情况，便于针对不同学生进行后期教学活动。

（1）课前预习

课前预习是为了让学生对本节课的内容有大体了解，进而提高听课效率。因此，教师首先在资料库上传相关视频与文本资料。学生先看相关视频，激发学习兴趣，并对本节课所学知识有大体掌握，进而继续学习互动课件相关内容。

在预习的过程中，每页课件教师均可设置相应习题，一方面可督促学生进行有意义学习，预防学生"磨洋工"，平白消磨时间；另一方面通过这种小测试可让教师提前了解学生共性问题所在，更好地掌握学情，以便及时改变教学活动，调整教学设计。除此之外，学生如若对某部分知识存在疑惑，可在课件备注区加以备注。这样，在课堂教学环节中学生便可有针对性地进行学习，提高课堂效率。

针对在自学过程中疑惑的地方，学生还可通过查阅教师在资料区中发布的图文资料自行解决，或者在话题区展开相关话题讨论，全体师生一同讨论、解决此疑难问题。

（2）课堂教学

由于本次研究对象为高中生，学校一般不允许学生将手机带入教室，因此在课堂教学环节以面授教学为主。教师一方面引导学生对预习过程中所产生的疑惑进行分组讨论，共同解决，让学生更加积极地投入学习中，提高了问题解决的参与度；另一方面巩固了本节课的重难点，梳理本节课的内容，进一步加深学生对于本节课的印象。

（3）课后复习

课后复习环节不仅是检验学生对本节课内容掌握程度的重要阶段，更是让学生对知识进一步回顾、使知识内化于心的过程。因此，做好课后复习至关重要，主要是通过作业、测试、话题与腾讯会议直播的形式开展。针对本课内容及时发布测试或者作业，并设置提交时间，督促学生及时完成相关训练。

在学生提交作业后，教师便可随时查看批阅，做到当天作业当天批阅，当天疑惑当天解决，及时进行答疑解惑。课堂派有错题集功能，学生可把测试或者作业中做错的习题加入错题集中，方便日后复习，节约了传统错题本手抄题目的时间，且不易丢失。

如若还有学生对某部分内容仍有疑惑，可通过私聊方式询问教师，下课也可以随时随地联系到教师。而对于共性问题，可通过两种方式解决：一种是教师发布话题，学生在评论区中各抒己见，最后教师进行总结。对于踊跃发言的学生，教师可通过奖励星星的方式激励学生。另一种方式就是教师开通腾讯会议进行直播讲解，做到下课不停学，且直播课会自动进行存储，方便学生随时随地查看，巩固复习。

五、融合教学模式与传统教学模式的区别

融合教学是学生、教师与学习资源之间面对面交互和以技术为媒介交互的系统性教学活动，能够有效地将在线教学的优势与传统课堂教学群体学习的优势融为一体，授课形式更加灵活与多元，实现了真实教学环境与网络虚拟环境相结合、师生间课堂交流与网络交流相结合，以及网络自主学习、合作学习、接受式学习与发现式学习等多种学习模式相结合。既能够发挥教师引导、启发、监控教学过程的主导作用，又充分体现学生作为学习主体的主动性、积极性与创造性。融合教学模式相对于传统教学模式而言，除了学习环境、学习行为、教学方式不同，更体现为教学理念的转变，对教师和学生来说都是一种新的尝试。

（一）学生地位的不同

传统教学由于受到教学时间、地点和教学任务的限制，大多以教师讲授为主，教师是教学过程的中心，学生处于被动地位。师生交流主要集中在课堂，教学效果的好坏基本由课堂决定。这种教学模式忽略了学生个体差异，没有充分调动学生主观能动性，很难促进学生学习能力、创新能力、沟通能力和团队合作能力等综合素质的培养。融合教学打破了时空限制，给学生提供了一个自主选择和自我发展的个性化学习平台，使学生能够有效利用时间，使教学资源得到最大化利用。学生基于原有的经验与自身认知，将线上与线下所学内容有机串联起来，针对具体问题进行思考与讨论，从而动态建构自身的学习规则与学习体验。教师

的主要任务是进行课程设计，激发学生的兴趣，做学生学习的引路人与辅导者。因此，融合教学模式体现了学生的主体地位，有利于调动学生学习主动性，培养学生自主学习能力。

（二）教学方式的区别

传统教学以班级为单位，由于受教学时间、任务和空间的局限，案例分析、小组讨论等教学方法无法充分施展。在融合教学模式下，记忆与简单理解类的初级内容可安排线上学习，引导学生深入分析问题。线下教学时，教师将会通过教学设计，采用启发式教学、案例分析、小组讨论等多种教学方法，灵活交互使用。同时，在课前、课中和课后，教师与学生还可利用网络平台进行互动、交流、答疑，为学生创造了自主灵活的学习环境，从而建立起师生"交互式"教与学的新模式。

（三）评价方法的差别

在传统教学模式下，学业评价标准和方法缺乏多元性和个性化，重视结果评价而忽视过程评价，期末考试成绩占到课程总成绩的70%甚至更高。这就容易产生学生临时抱佛脚的"突击式"备考现象。既不利于教师及时改进教学，也不利于学生养成良好的学习习惯。这种学业评价方式除了与评价导向有关外，也与当时评价技术的制约密不可分。融合教学模式引入在线学习平台，教师可开展在线教学、练习、考试、互动交流等教学活动，统计学生学习产出详细数据，记录每名学生学习过程，更全面地了解学习动态，为实施多种学业评价方式创造了便利条件。融合教学模式既有利于提高学业评价中平时成绩的占比，引导学生更加重视平时学习过程，发挥其学习积极性与自主性，也有利于教师及时掌握学生学习效果，持续改进教学方式方法，提高教学质量。

六、融合教学模式下教师角色的新定义

教育效能的最基本要素是师资发展，教师是支撑学校这个载体运行的根本。教师的专业素养在全球许多高校教育系统发挥着重要作用。当前，教师专业素养主要有两大需求，一是教师教学专业能力的提升，二是应对互联网时代对教师教学冲击所导致的教学改革创新。教师专业素养包括一系列广泛的活动，可以广义地定义为促进教师技能提高或帮助其专业发展的任何活动。而提高教学技能、促进科学研究和促进专业素养发展是传统的教师专业发展项目所关注的主要方面。

过去一段时间里，学校教育发生了重大变化，如线上线下融合教学、提倡综合教学、基于"问题"的学习、学生地位的重新认识、系统的课程规划、核心课程与选修课等。信息时代教育的转型使得教师面临着"知识权威"地位的下降、角色转型的压力、多元文化价值观的冲击等挑战，实践教学、小组教学、问题辅导、案例讨论等多重新角色和新职责的压力都落在现代教师的身上。技术进步带来的教育教学范式的转变以及学生新的"学习方向"的评估，要求教师扮演更多新的角色、做出更多努力以促进教育目标更好地实现。

新时代融合教学模式对学校教育提出了培养学习者核心素养和关键能力的要求，学校教育人才培养目标将转向培育具有核心素养和关键能力的通用人才。数字化背景下的学习以学习者为中心，学习者的个性得到充分的尊重，学习行为具有更强的自主性和自由性。数字教育的兴起正在重新定义教师和学生的角色，教师应当正确认识自己的角色定位，在教学中应当改变传统的知识教授者身份，努力向学生自主化学习过程的陪同者角色转变。

（一）教师角色发生转变的原因

1. 实施融合教学模式的时代需求

融合教学模式就是活用在线课程资源，利用传统课堂的集中高效优势，根据学习内容、学生及教师的自身条件，融合教学资源、教学手段、教学环节等来实施教学的一种策略模型。针对在校学习者，实施融合教学仍然要以教学大纲为根本、教学目标为导向、提高教学质量为根本目的，并非为创新而创新，是信息技术环境下进行教学的必然选择。2019 年教育部高教司发布《教育部关于一流本科课程建设的实施意见》，在改革方法中明确要求强化现代信息技术与教育教学深度融合，解决好教与学模式创新的问题，杜绝信息技术应用的简单化、形式化。这正是对融合教学的实践发展要求，要让课堂活起来，要以提升教学效果为目的创新教学方法，强化课堂设计。教学模式改革势在必行，除了国家政策引导、学校管理层面的周密组织之外，教师作为教学活动的直接组织者、教学模式的一线实践者发挥着最为直接的作用，是影响教学质量的重要因素。所以融合教学模式下，教师的教学能力受到新的冲击与挑战，迫切需要有针对性地提升信息技术环境下自身的教学技能，从而提高教学质量。

2. 融合教学模式对教师的新挑战

融合教学或者融合学习的理念，最早由美国培训与发展协会提出，并认定其为知识传播的新趋势，并不是一个新兴概念。国内在融合教学理论的指导下，结合我国教育信息技术发展的背景，建立起融合的教学活动框架，即融合教学模式，并在各种类型课程中积极探索实践。随着"互联网＋"的信息技术普及与环境构建，结合线上优质教学资源与线下课堂教学优势的融合教学模式成为近年来教学改革的重点与热点。在实践融合教学模式过程中，教师与学生的职责、作用都发生了重大变化，尤其是作为传统课堂教学绝对主导者的教师角色丰富、作用广泛。目前高校中融合教学模式大多按照翻转课堂的教学流程，利用慕课等共享或自建线上课程资源，依托雨课堂、超星、U课堂等包含预习、学习、测试、反馈等完整教学过程的专业线上教学平台开展实践探索。在实践过程中，对于教师而言，既需要翻转式地调整教学环节，又要在大纲规定的教学目标指引下，融合线上线下的教学资源与内容，还必须熟练掌握教学所需的信息技术手段。

（二）融合教学模式下教师角色转变的表现

1. 教师是教学资源的组建者

融合教学模式中最重要的融合部分是教学内容的融合，将线上线下的教学资源进行科学有效的设计、整合是其核心设计环节。随着大规模线上公开课程资源的建设浪潮的兴起，现在各种线上公开课程资源门类繁多，开发者涵盖政府教育部门、各大高校、各种商业培训机构、视频网站等，缺少有效的评价机制和指标等相关制度。这对非在校生而言，缺少权威性推荐与评价指标来帮助自己筛选适合自身教育背景的学习资源；对在校生而言，没有将公用平台上碎片化的课程资源与自身需要系统学习的学科知识结合起来，无法达到促进自身学科专业学习的效果。因此，教师在融合教学模式下，需要根据课程性质、教学对象、教学目标等，进行教学资源的建设与科学融合。

教师需要明确融合教学模式只是在融合式学习理论下建构的一种稳定教学模型，是多层次、多方位的融合。它需要运用现代教育技术整合、组建线上教学资源，但又不是单纯地使用线上教学资源来完成全部教学环节。这就需要教师对自己所教授的课程内容进行全面、深入的了解，明确自己教授的课程是否需要结合线上教学资源，是融合在课前导入环节还是在课上演示环节使用线上资源，是部分章节还是全部课程都需要线上教学资源；需要做到根据教学目标来进行科学合理的教学资源融合，而不是一味地使用线上资源，突破传统教学模式，追求形式创新。针对课程内容，教师可以利用线上资源突破时空限制的优势，选择适合预习导入及复习总结的线上资源，并将课堂延展到课前与课后，既高效利用课堂时间，又为学生预习、复习提供了依据；可以利用线上资源呈现手段多样化的优势，直观展现教学内容。

同时，筛选、剪辑、共享或者自建时长、内容都适合教学内容的线上资源，将其融入线下教学环节用于提高教学效果。这是传统课堂教学中依据教材安排教学内容的教师不曾设计的任务环节，是"互联网＋"教育背景下教师面临的新任务与新挑战。

2. 教师是教学环节的设计者、观察员

传统课堂教学中，教师通过教学设计完成导入、讲授、练习、测评等环节，是教学环节的设计者、主导者、完成者。传统课堂教学中，教学环节虽然也需要设计，但受课堂教学时间、空间、教学资源、教学条件的限制，基本固定为导入、讲授、互动、练习、测试、答疑等环节，主要设计点在于各环节的教学时间分配和教学语言的组织衔接、教学案例的选择等。教师则成为完全的主导者和重要完成者。但是，在融合教学模式下，教师的角色职能得到了转变与丰富。教师需要根据教学内容的安排，将线上资源与课堂讲授内容相结合，设计高效满足教学目标要求、合理使用线上线下资源、增强学生兴趣与参与度、提升教学效果的课堂教学环节，这是实施融合教学模式的重要环节。

3. 教师是教学效果的测评者

传统课堂教学模式下，教师是教学效果的测评者。但是实现这一角色职能的途径比较单一，多采用作业、测验等手段进行考评来检测学生的学习效果和督促学生的学习进度。随着高校教学改革浪潮，形成性评价的理念已经在广大高校中普及，各个学科都根据各自的学科特点个性化设计了形成性评估方案，加强了非标准化、综合性等评价，着力完善形成性、过程性评价制度。在融合教学模式下，学生的学习内容、学习渠道、学习形式都得到了丰富，相应的测试手段和测试内容也需要进行配套调整。教师应通过各种信息手段参与和观察学生的学习状况，加强对学生课堂内外、线上线下学习的评价，确保测试的信度和效度，进而准确及时地反馈学生的学习情况。这对教师的测试素养和信息素养都是极大的挑战。

在融合教学模式实施过程中，教师的角色不再是传统课堂中的信息传播者、讲授者，其角色从"传播者"转变为"指导者"。面对线上和线下丰富的教学资源和多媒介学习途径，如何利用各种学习资源指导学生高效学习成了教师的重要工作。因为在融合教学模式下，教师不只是教学资源的使用者和传播者，更是教学资源的组建者、教学环节的设计者和参与者、教学效果的测评者。为了更好地实现教师这一职能角色的转变，提升教师在融合教学模式中的教学能力，教师专业发展的信息素养能力将成为新的研究方向和内容。

第四节　融合教学模式的设计和实施

一、融合教学模式设计

（一）"兴趣引领、自学指导"阶段

根据学习内容和学生已有知识储备，遵循"最近发展区理论"，在线学习平台提供：复习回顾模块，包含知识点的梳理，并通过相关测试题进行检测；问题模块，以趣味性、学生感兴趣为原则，结合"金课"的创新性，提供教师独创的、新颖的、与时代前沿相结合的不同类型的问题，引导、启发学生自主分析问题、思考解决问题的方法；自学模块，包含新课内容的概念、术语等基础知识和需要完成的任务清单（学习目标中的识记、理解内容），通过多种媒体形式呈现相关内容，在学生自学过程中，教师实时进行指导，一边答疑一边观察学生学习的态度和进度，及时给予提醒和帮助；检查学习成效模块，提供自测练习题以检测学生的学习情况，根据测试结果对学生遇到的问题进行指导，并再次测试，直到无疑惑后进入下一阶段。

（二）"合作探究、展示成果"阶段

学生在自主思考的基础上进行协作交流、合作探究。教师关注学生的学习情况，及时提供帮助，引导学生积极思考，协助学生完成任务。完成任务后，首先学生以自己感兴趣的方式对学习成果进行汇报。其次，教师组织学生之间互评，交流和探讨学习经验。最后，教师对学生的作品和汇报进行总评，根据学生的不同情况提出学习建议。此外，应加强对学生课堂内外、线上线下学习的评价，增加课程学习的深度和广度。

（三）"总结反思、进阶拓展"阶段

根据师生、生生互评中的意见和建议，学生总结自己的学习成果，对自己的学习过程和任务完成情况进行反思。学思结合，将所学内容内化到自己的知识体

系中。强化所学，拓展延伸，教师根据学生的不同水平提出具有挑战性的综合性任务，鼓励学生自主思考，尝试采用不同学习方式（独立完成或小组合作），收集查找相关资料，完成任务，既拓展了学生的知识面，又提高了学生解决综合性问题的能力。

二、融合教学活动设计

（一）活动设计环节

1. 线上课前学习

线上课前学习主要依托在线开放平台向学生提供丰富的教学资源。为了使学生能够明确每次课程的学习目标，任课教师需要提前在教学平台中发布与本次课相关的教学视频和教学资源，布置课前任务，在线上引导学生创建学习情境，明确教学重点、难点。教师依据平台大数据可以及时分析学生的学习情况（包括学生登录平台次数、视频学习进度和作业完成情况等），并根据数据分析结果精准设计线下课堂的活动内容（包括讨论、互动的主题和学生操作练习的内容等）。

2. 线下课堂学习

线下课堂学习以活动为中心，学生在教师的指导和帮助下进一步消化学习内容。首先，教师会通过测验、互动等形式对学生的线上预习情况做检测。其次，教师会辅以生动有趣的案例来激发学生的学习热情；对疑难问题进行交流和讨论，重点讲解共性问题。最后，教师通过单元小结归纳总结单元教学内容，并以单元测验方式来评价学生的学习成效。线下课堂能有效增强师生互动，让学生在快乐的学习氛围中学习知识和技能，达到学生综合能力的培养。

3. 线上课后巩固

线上课后巩固主要是通过线上讨论、开放式设计作业和能力拓展等形式来巩固学生的基础知识。教师在平台中及时评价反馈学生的每一次作业，可以在线下课堂点评或让学生互评具有代表性的学生作品，可以帮助学生进行横向学习，能有效激发学生的自信心和学习动力。

（二）学生的学习活动

1. 线上自主学习

在课前和课后，教师分享微课视频、PPT、学习任务单等线上学习资源，学生根据自己的实际情况进行自主学习，完成学习任务。在线上自主学习过程中，学生可以将所遇到的问题进行标注以便在线下教学时求助老师，也可以通过线上教学平台和老师、同学交流。线上自主学习有助于培养学生的自主学习能力。

2. 线下探究学习

第一，汇报学习情况，提出学习问题。在线下教学中，学生首先汇报自己在自主学习过程中的收获，并提出自己依旧存在的疑惑，以便于教师更好地开展教学。然后教师讲解线下教学的重难点、易错点，并为个别学生提供辅导。最后教师根据教学开展情况适时地发布小组合作任务，并组织学生开展合作学习活动。

第二，自主设计方案，小组合作探究。学生首先自己设计任务方案，并判断、选择、组织合适的方案，经历独立完成的过程，以发展学生的自主学习能力。然后小组同学再进行合作探究，讨论交流自己的想法，实现优势互补，最终确定最佳方案。在学生独立思考或小组合作时，教师都扮演着引导者的角色，在适当的时候给予关键性的点拨、指导。

第三，汇报学习结果，实现学习升华。在学生自主完成任务并进行小组合作探究后，由小组学生代表汇报学习结果，呈现学习方案。这样，不同学习方案、不同学生观点进行交流和碰撞，拓宽了学生的思维，使得每位学生的观点得以修正、重组，进而形成新的学习观点和思路，实现学习升华。

（三）教师的教学前期分析活动

教学前期分析包括对教学环境、教学内容、教学目标和学生特征的分析，教学前期分析是进行融合教学的必要环节和基础，根据不同的教学环境、不同教学内容的特点、所要达到的教学目标和学生所特有的特点，在相应的教学理论和教学原则的指导下进行融合教学。

1. 教学环境分析

不同的教学环境将直接影响融合教学的开展，融合教学的教学环境可分为硬件和软件。硬件上的教学环境是指教室、校园网、教学媒体等；软件上的教学环境主要是指为学生提供线上学习资源、线上答疑和讨论、线上学习评估等服务的网络教学平台。在进行融合教学时，要对相应的教学环境进行分析，选择合适的教学媒体，避免给学生和家庭增加经济负担和心理负担。另外，由于不同的教学媒体具有不同的功能侧重点，所以在选择和使用教学媒体的时候，可以将多种媒体加以充分的组合和运用以实现优势互补。但是也要避免过多组合使用媒体导致操作过于繁杂，要根据教学内容和学生适应程度选择恰当的媒体，简化教学。

2. 教学内容分析

通过教学内容分析，有利于确定教学内容适合进行线上教学还是线下教学，从而确定线上教学和线下教学的比例。但是，目前还没有相关权威论著或教材对融合教学进行系统性的论述，以说明融合教学中哪些学习任务适合线上教学，哪些适合线下教学。有相关研究提到，在线视频学习与任务单相结合的课前导学比较适合入门的基础知识、基本概念等知识的学习，课后在线测试及反思回顾比较适合通过自主探究、合作学习来实现需进行意义建构内容的学习。也有学者初步尝试对学习内容进行分析，并详细列出与之相适应的教学方式。

3. 教学目标分析

数学课程不仅能使学生掌握数学基础知识和技能，还能培养学生的数学理念、锻炼学生逻辑思维，同时培养学生对数学学科的情感态度并形成正确的价值观，为学生其他领域的学习和今后的发展奠定基础。在进行融合教学时，要依据课标要求，遵循三维目标维度，进行教学目标分析。①知识与技能目标，强调社会生产生活所必需的数学基础知识和基本技能的获得。此外，融合教学不仅帮助学生掌握学科基础知识，同时发展学生获取、运用信息的能力，从而形成学科核心素养。②过程与方法目标，学生在教师的指导下进行自主学习、合作学习、探究学习，实现知识的构建和发展其他能力。③情感态度与价值观目标，培养学生对数学学科的学习兴趣，认识到数学学科的重要性，形成正确的世界观、人生观和价值观。

4. 学生特征分析

学生在教学中占据着主体地位，能够发挥主观能动作用，有着自己的主体需要和意识。因此在进行教学前期分析时，要对学生的认知水平、学习兴趣、学习动机、学习风格、学习能力、生活经验等方面进行了解。另外，教师还要对学生的计算机等媒体使用能力进行分析，只有充分分析学生特征，才能达到良好的教学效果。

具体来说，分析学生特征时可以从以下几个方面着手：

第一，起点水平分析。每个学生的学习起点有所不同，尤其是在融合教学中的线上学习部分，每个学生的自主学习能力和学习习惯都有所不同，可能给学生带来较大差距，这也就影响着教学效果。因此我们要充分分析学生的知识、技能、态度，做一个较好的起点水平分析。

第二，学习风格分析。在融合教学中，教师可以根据学习风格与教学内容、教学方法、教学媒体之间的关系提供多样化的学习资源，使学生有选择的空间，让他们用自己喜欢的方式进行信息加工。教师可以根据学生的选择了解不同学生的不同学习风格，从而为学生提供适合其学习风格的教学资源。

第三，学习动机分析。学习动机可分为外部动机和内部动机。在融合教学中，学生的学习既需要教师给予其外部学习动机，又需要有意识地培养学生的内部学习动机。所以要根据实际情况分析学生的学习动机，并通过创设人际环境、留言板留言等各种形式来激发和保持学生的学习动机。

第四，信息素养能力分析。在融合教学前对学生的信息素养能力进行分析是必需的，因为其高低影响着融合教学是否顺利开展。教师要分析学生是否接触过电脑和互联网等及其熟悉程度的高低，以便顺利开展教学。总之，在进行融合教学时，要充分分析学生的各种特征，从而设计出适合学生学习的融合教学活动。

三、融合教学环境设计

（一）线上教学环境

线上学习环境主要由"云班课"与"腾讯课堂"两大线上智慧教学平台提供。

1. 云班课

蓝墨云班课是智能云教学领域的主流教学平台，覆盖并服务全国 7000 余所高等院校和职业院校，学生及教师用户已经超过 1600 万人。其公司一直致力于打造高水平、创新型的智能云教学课程，推动教学模式改革。其发展理念与教育实践理念相吻合，同时该软件界面友好，操作简便，功能强大，可以实现课堂表现管理、数据导出、信息资源库管理等功能，因此在教学实践中选用"云班课 APP"进行辅助教学。

2. 腾讯课堂

腾讯课堂是由腾讯公司开发，专门为教师在线教学、学生互动学习服务的网络课堂。作为线上教育网络平台，腾讯课堂具有很多优势，如以蓝色为底色，色彩干净明亮、平台页面布局合理舒适、音质画质高、直播效果好等，最大程度上还原了线下课堂。

（二）线下教学环境

线下教学环境主要由智慧课堂中的极域电子教室平台提供。极域电子教室智慧平台是大连轻工业学校使用的智慧课堂教学平台，能够实现线下课堂的同步屏幕教学、屏幕实时广播、展演学生屏幕、作业资料的收发、教师与学生全方位交互，同时还能够进行多屏幕监控以及测试等。在极域电子教室中进行线下教学，可以使学生全程都在指导下完成学习与实操，课堂更具有灵活性，教学节奏更加紧凑。极域电子教室平台、学校硬件设备、学生的移动设备、智能化教学软件与线上课堂共同构成基于智慧课堂的线上线下融合教学模式的基础条件。

（三）教学资源设计

线上线下融合教学模式中设计了线上教学资源与线下教学资源。线上资源包括相关的视频资源、PPT、任务要求、思维导图、网页链接，以及每节课运用的任务说明书、任务素材等。线下资源包括配套的教材、配套光盘、相关参考资料以及相关的知识内容材料等。利用丰富的教学资源给学生呈现更全面的课程相关知识，教师定期更新、删改相关的教学资源，为学生提供更优质的学习资源，获得更好的学习体验。

四、融合教学模式的探索思路

（一）教学场景：线上与线下

教学场景由传统课堂（线下教学）或在线课堂（线上教学）转向线上教学、线下教学相结合，再逐步转向线上教学、线下教学相融合，从而实现从单一场景到双线场景的转变。为适应线上线下相融合教学模式的需求，高校需进行常态化的教学资源建设，以为教学场景由传统的教学课堂、单一的线上平台向泛在化教学场景转变奠定基础，从而实现线上线下场景学习的无缝对接。

（二）教学主体：教师与学生

线上线下相融合的教学模式必须确定以教师为主导、以学生为主体的教学结构，建立起师生之间的双向互动关系。基于基础知识讲授、学习资源推送这两个需求，教师应及时更新线上资源，这有助于学生进行多次学习，合理利用课余时间，进行查缺补漏、重难点巩固和能力训练。这种教学模式将教师从程式化的教学中解放出来，专心于"导"，辅导学生学习、诱导学生思考、引导学生研讨、指导学生创新。

（三）教学阶段：课前、课中、课后

对应课程知识目标、能力目标和素质目标，教师可创建线上线下融合教学模

式的知识、能力、素质三元融合路径，构建线上线下场景多次转换的"先学后教、多重并举、协作学习、互动研讨"多维教学模式。

（四）教学评价：形成性评价与终结性评价

传统教学模式的教学评价形式单一，过度依赖终结性的期末考试成绩评价，缺乏动态评价和过程评价。线上线下相融合教学模式下，教学评价要由一元化向多元化、形成性、过程化转变，覆盖课前、课中、课后三阶段，实现形成性评价与终结性评价的互补，以反映教学主体在线上线下教学活动中的实际情况。这种兼顾结果与过程的教学评价能够体现"知识＋能力＋素质"的教学目标，为线上线下相融合教学模式的实施提供依据。

五、融合教学模式的实施

（一）完善网络教学资源，保障线上教学质量

线上教学是整个教学的必备环节，其最终目的并不是简单使用在线平台和建设数字化教学资源，而是有效提升学生的学习效率和效果。可以利用超星网络教学平台，充分利用平台签到、通知、习题库、作业库、讨论区和数据统计等功能，丰富网络教学资源。学生可以通过课程学习网站阅读课程内容、查阅文献、观看视频讲解、参与讨论、自主学习和思考、记录重难点，为线下学习做准备，从而保障教学质量。

为了保证教学内容的整体连贯性，结合教学大纲和课程目标，教师应对线上教学资源的建设和教学内容的安排进行模块化组织和结构化整合。各个模块按照知识点细分，细化教学内容，制作授课课件，录制教学视频，上传相关辅助学习资料，供学生学习使用。结合拓展的课程资源，强化学生对理论知识的理解与应用，提高学生分析问题和解决问题的综合能力。线上习题库建设是课程作业和课堂测试的有效保障手段，也是检验学生掌握知识点情况的可靠途径。根据教学内容的三大课程模块丰富完善相应的线上习题库，尤其是综合分析题，强化学生对原理知识的分析和应用。平台大数据统计功能可以及时反馈学生的答题情况，掌握学生的共性问题，为完善线下教学的实施过程提供参考依据。结合问卷调研，开展学生的兴趣点、知识难点等学态摸排工作，收集学生的反馈建议，为今后教学内容的更新与完善奠定基础。

（二）融合线上教学，积极探索实践线下教学

教学授课计划是教学实施的过程依据与进度保障。根据教学大纲与课程目标，结合线上网络资源，合理制订授课计划，明确线上、线下的内容进度与任务要求，确定考核评价标准与方法，并上传至线上平台，以供学生查阅参考。结合新技术的相关案例使学生掌握应用前景与趋势，注重培养学生的独立性、创造性和团队协作性，重点尝试教学讨论、知识点网络小测试及实时热点教学等，激发学生学习的积极性。

在线下教学过程中，要及时针对线上教学内容进行评价与反馈，掌握学生线上学习情况。利用线上资源和平台功能，学生课前可以进行预习，观看讲解视频和拓展资料，自主学习与思考。课中开展分组讨论、线上测试、案例分析、项目驱动等活动，强化对基础知识的掌握。课后布置学习任务和作业，加强对所学知识的巩固，并对学习效果进行总结分析。实践教学内容是理论教学内容的有力支撑，可加强学生对基础知识的理解与掌握。教学评价是针对教学活动和学习效果的综合评估，有利于分析教学过程中出现的问题，加以持续改进完善。在线上与线下融合课程的评价方面，着重对教学资源、教学过程和教学效果三个方面进行评价。教学资源评价主要针对教学大纲、授课计划、教学视频、授课课件、学习资料、习题库等线上和线下资源的完备性、前沿性和开放性进行。教学过程评价结合学生评教、同行评教和督导评教开展，通过随堂听课、学生座谈等形式进行。教学效果评价应该综合考查学生线上与线下互动学习的参与度以及知识点的掌握程度，找到更加全面的评价方法，注重过程考核。另外，可将线上学习情况、答题成绩、案例分享等记录统计作为重要考核指标，与线下考核成绩加以综合评定，客观评价学习效果。

（三）教学效果分析反馈，完善更新线上与线下教学资源

由于线上和线下资源的互补与融合，教学过程可以更深入、更有针对性。对于教学过程中出现或学生反馈的问题应及时分析，掌握学生学习动态，能够更加直接、更加有效地检测出学习过程中的问题并加以纠正。同时，也可以更加高效地收集反馈信息，并不断更新和完善教学资源，丰富教学内容，探索多种教学手段和教学方法并综合运用，逐步提升教学质量，实现持续改进。

第三章　线上线下融合教学中的问题及对策

本章主要论述了线上线下融合教学中的问题及对策，主要从融合教学中的问题、线上线下融合教学的提升策略及线上线下融合教学反思和前景展望三方面进行详细介绍。

第一节　融合教学中的问题

一、教学设计错位，教学过程调控不当

融合教学强调基于移动通信设备、网络学习环境与课堂讨论相结合的教学情境营造，其学习空间的扩展及功能上的转变导致学生"学"的方式发生改变，也决定了教师的角色和"教"的方式必须发生转变才能适应融合教学的新发展。在融合教学设计中，教师由知识的唯一传授者变为学生学习活动的设计者、自主学习的支持者、解决问题的引导者等，这种转变是融合教学理念的本质。但在当前一些学校的融合教学实践中，教师仍主要是教学过程中优质教学资源的提供者，关注课堂面授的讲解方法，强调新授知识的分析把握，甚至线上课程资源的制作依然将如何让学生听得懂、听得精彩作为教师的设计重点。教师按照自己对于章节教学内容的把握，按部就班地去讲解重点、突破难点。以教师为主的"单向资源"是学生获取学习资源的重要途径，教师"教"的方式和策略未发生根本性的改变。这样的课程设计中心仍旧指向教师，学生依然只需要带着"耳朵"就能够进入教室。因此，融合教学的实际实施并未从本源上进行深层次改革，也并未从

理论及实践层面真正突出"以学生为中心",切实将学生置于融合式教学设计的核心位置,导致实际教学中的"中心性"错位。

融合教学是线上教学和线下教学的融合,这是笼统的、概括性的说法,或者说是一种理念。落实到教学实操当中则需要处理好线上教学和线下教学的关系,明确哪些知识、哪些环节放在线上进行,哪些放在线下完成,学生自主学习的内容和教师重点讲授的内容也要安排合理、衔接得当。在实际教学过程中,这些方面都不同程度地存在问题,导致教学秩序混乱,学生和老师都不能适应,从而影响教学效果。

二、融合程度偏低,教学效果不够显著

线上教学活动和线下教学活动的高度融合或紧密结合,有助于提高融合教学的系统性、针对性和实效性。目前,一些院校线上教学活动与线下教学活动之间存在脱节或联系不够紧密的现象,主要表现为:线上活动和线下活动缺乏统一的规划;线上教学数据没有得到充分利用,也没有进行认真分析,因而不能据此有效开展教学。线上教学活动和线下教学活动融合程度偏低,没有形成相互联系、相互促进的有机整体,会严重影响融合教学质量的提高和学生的发展。一些教师对融合教学缺乏正确的认识,将融合教学等同于"线下课堂教学 + 线上平台资源"或"线下课堂教学 + 线上平台资源 + 线上作业和测试"等。因此,教学理念滞后是线上教学活动和线下教学活动融合程度偏低的重要原因。

融合教学是一种适应新的社会发展需要、基于新技术革命的教学改革尝试,其好处得到了各方的认可。然而,其在教学实践应用中的效果却没有体现得特别突出。和以往的传统教学方式相比,融合教学在提升教学效果、效率方面的优势并没有体现得很明显。

融合教学不应该是简单的技术融合,也不应是线上学习和传统课堂学习的简单叠加,而应是兼顾学生个性化学习、各学习要素的有机融合,从而真正为学生创造一种高度参与性的学习体验。然而,在融合教学的实践层面,虽然出现了多种多样的设计模式,但其本质离不开线上学习与课堂授课的课程建构。根据这样的融合建构模式,表现为以下两种实效:一方面,教师在开展融合教学时会在课前分享线上教学资源,并且按照融合教学设计要求将简单知识点在课前进行任务推送,课中进行面对面授课,讲解重难点知识,课后通过布置作业完成相关知识点的应用。但根据近年来本科教学工作审核评估中的成果导向教育理念,融合教学改革中教师首先应明确的是课程应取得的成果,并综合考虑学生的个性化学习进行反向设计,单纯按照常态模式开展融合教学会忽略不同的教学目标侧重点,

影响学生学习成效。另一方面，教学应是学生个性化参与的过程，融合教学如果按照常态化的教学设计容易忽略学生学习的复杂情境。课前学习资源的针对性投放、学生线上学习的个性化评价、课堂教学的多层次性设计等多方面的原因，使学生的个性化学习无法真正实现。因此，融合教学缺乏对学生学习过程及个性化学习体验的关注，导致融合式教学结果的成效性匮乏。

三、组织科学性不容乐观，在线交流活动不足

教学组织是指教师为达成特定的教学目标，根据一定的教学原理和教学规律，采取科学的教学方法组织学生在课堂场域下进行有效学习的活动，包括教师采取的教学方式方法、师生与生生之间的互动和反馈、教师给予有困难学生的帮助和支持、教师采取的考核方式等，体现了教师对学生的直接影响和间接影响。线上线下融合教学过程中，由于部分学时已经分配给线上课程，而线上课程大多数都是学生自行安排学习时间和进度，部分教师不规定固定的时间和地点一起上课，只是要求学生在规定的时间段里完成相应的学习任务即可。因此，师生和生生不一定会同时上线学习，步调不同，及时有效的交流就相对少了。而且由于是不用集中在教室的在线学习形式，师生和生生之间的见面机会就变少了，面对面的情感交流也就相应地减少，课程场域的引力和张力相对就变弱了。

课程组织科学性是提高课程质量的重要途径。然而，事实上，实践中的课程组织并不是很科学，特别是在师生互动和生生互动方面以及在学生学习遇到困难时，教师是否能及时给予帮助和支持方面更加薄弱。这是因为学生学习线上课程的时间和频率不太一致，教师也无法时时在线，导致无法及时给同学们反馈学习情况和答疑，造成有些时候反馈和帮助不是很及时。

在线交流活动是融合教学的重要组成部分，良好的在线交流有助于激发学生学习的积极性，有助于提高学生的学习质量。目前，许多院校教师只在网络平台提供视频、课件或教案等教学资源，没有或很少安排讨论、提问与答疑等活动，教师与学生之间的交流较少或交流不及时。在线交流活动不足影响了学生学习的积极性，影响了融合教学的质量。在线交流活动不足的主要原因包括教师的教学理念滞后、在线交流的意愿或能力不强等。

四、融合教学场景存在低效衔接问题

融合教学并不是基于信息技术对传统课堂教学的分场景呈现，也并非单纯以信息技术部分"替代"或"补充"课堂面授教学，而是在线上与线下相结合过程

中为学习者营造真实且连贯的情境，从而促进学习者的协作探究和意义建构，使学习有效发生。融合教学的学习场景通常以线上学习与课堂面授为主，不同的学习场景设计应关联且有助于学生知识的有效建构。然而，不少教师由于缺乏行之有效的经验，导致两种学习场景的低效衔接。

一方面，教师习惯性将部分原有面授教学内容挪到课前进行，并且多以微课、慕课等方式呈现，甚至部分导学资源仅仅借助网络资源进行简单整合，与学生的实际学情并不匹配，缺乏知识获取的细致分析，导致线上学习场景中知识内容的随意性呈现，难以为课堂面授奠定基础；另一方面，大部分教师仅仅将在线学习作为课堂教学的"前奏"和"续曲"，课堂面授教学中较少对线上学习结果进行综合评析，与整体课堂授课有机整合设计，致使线上学习不能很好地与课堂教学建立联结，产生有效融合，使学生在不同场景教学中的经验难以延续与升华。因此，线上学习与课堂面授只实现了形式上的结合，并未发生本质上的融合，致使学习者在知识的深入获取、经验的有效延续中出现割裂。

融合教学本应是一项增加学生个性化学习体验、优化教学效果的教学改革，开展过程中却难免陷入教师并没有深入领悟融合教学设计的内在价值和要领，不能对虚拟与面对面学习情境进行无缝衔接，导致低效课堂和学习者的"浅层"学习的尴尬境地。融合教学要彻底打破"滋生浅层学习的温床"的现状，需要在有规划的融合教学设计提升基础上寻回其失落的价值，所以我们需要为问题的解决寻找新出路。

第二节　线上线下融合教学的提升策略

一、提升教师融合教学能力

（一）把握原则，遵循融合教学能力发展的特征和规律

发展的连续与递进、理论与实践的结合、线上线下与教学现场的融合，是教师融合教学能力发展的三条基本规律，也是学校和机构规划设计教师融合教学能力建设相关机制与项目应遵循的基本原则。这三条基本规律和原则意味着，传统

短期的以集中面授、专家讲座为主的教师培训模式不能满足教师融合教学能力发展的需要。区域、学校和教师教育机构需要根据教师学习的发展周期制订长期递进式的融合教学能力发展计划，而非短期一次性的融合教学培训；需要设计有效促进理论与实践结合的研修模式和研修活动，而非以专家讲座为主的培训活动；需要设计线上线下融合的融合研修范式，有效联结线上、线下和教学现场三个实践场域，拓展融合教学能力发展空间，适应融合研修的设计特征。

（二）要素准备，提供融合教学能力发展的条件支撑

理论支撑、能力评估、技术保障和共同体建设是教师融合教学能力发展的要素准备和条件保障。区域和学校规划设计教师融合教学能力建设项目，首先需要为项目选择适当的教师专业发展理论和融合教学理论作为理论基础，前者为培训模式设计提供理论指导，后者为培训内容设计提供理论指导；其次，需要选择或研发合适的教师融合教学能力评估框架和评价工具，为项目前期的需求分析及后期的成效评估提供支撑；再次，需要选择、搭建相关技术环境和工具支撑，包括支持教师开展融合式研修的平台和支架工具，以及支持教师开展融合式教学的平台和工具；最后，需要为教师设计并创建线上线下的融合教学专业实践共同体，为教师间的开放交流和知识共享、促进教师融合教学能力发展提供社会文化准备。

（三）运用策略，设计有效的融合教学能力发展活动

角色示范、体验学习、设计学习、同伴协作、意义反思、持续支持是设计教师融合教学能力发展路径的六种关键策略。首先，不能从微观层面理解这六种关键策略。从前文可以看出，六种关键策略都是中观层面的，每个策略都蕴含了一系列需要遵循的设计理念和方法流程。关键策略之间也并非独立、排他的，而是可以组合运用、相互支撑的。因此，我们只有深刻理解策略的设计理念、遵循策略的方法流程、综合运用多种关键策略，才能设计有效的教师融合教学能力发展活动。

二、激发学生学习动力

（一）转变教师自我定位，重构师生关系

教师应从技术中解放出来，转变自我定位，关注学生在学习过程中的认知需求与情感需求，建立新型师生关系。在融合教学中，教师只有充分了解学生的特点、层次与需求，才能引导学生自主学习，提供个性化指导与帮助，提高学生的

学习效能感。师生间应该建立新型、互动性更强的学习伙伴关系，教师要成为学生学习的陪伴者、学习成效的激励者，从情感上给予学生支持，使学生产生奋发向上的动力。

目前，被广泛使用的融合教学模式主要由课前线上预习、课中线下教学、课后线上巩固三部分组成。线下教学中教师面对面地与学生交流，通过言传身教指导学生理解新的知识、掌握新的技能，施教的过程不仅仅是知识的传授，还有师生之间的互动以及其他素质方面的教育影响。教师通过观察和评价及时调整授课方式，这在线上是很难实现的。学生在线学习的环境、习惯与方式各不相同，但是在现阶段的在线教学中，教师主要还是通过签到、测验等传统课堂管理方式监督学生的在线学习，通过人机互动获得简单反馈。因此，往往学生似乎都在线上进行了学习，但实际上并没有真的在学或学好。反观线下教学部分，将学生集中在固定的时间和地点进行同步学习，极易忽视个体学习的差异性需求。学生在此过程中不能自主把握学习进程，学习积极性难以激发，学习效果难以提高。同时，线下教学受时间、空间和教师教学能力等因素限制，许多优质教学资源难以适时引入课堂，企业导师难以参与实践教学全过程，帮助学生提高技能水平。目前的教学效果评价多以知识考核评价为主，这种评价方法不利于激励学生积极参与实践拓展活动，拓展所学内容的深度和广度。总而言之，目前的三段式融合教学模式难以解决学生的学习动机激发与社会情绪能力发展两大难题。借助计算机技术、网络信息技术可使师生在教学和学习全过程中的充分互动得到保障，重构线上线下融合教学中的师生关系，将有助于解决影响目前融合教学效果的两大难题。

1. 线上教学中师生关系的重构

沟通和交流是师生互动的主要形式，通过 QQ 群、微信、学习平台讨论区等交流是目前广泛使用的师生线上交流形式。进行线上教学互动方法的变革，可从优化线上教学的交互界面入手，通过可视化沟通与交流帮助学生释放情感、加深师生间的理解与沟通。另外，可设计游戏化学习模式，师生双方共同协商制定统一规则，将竞争作为重要的激励机制加入游戏当中，游戏玩家（学生）通过合作达成一个特定目标（学习目标），解决游戏中的各种问题（学习任务）。这样有望改变常态下师生关系中由教师强制的规则性和教师主导的合作性决定的师生之间的不平等状态。

2. 线下教学中师生关系的重构

为彻底改变以往"满堂灌"的传统线下教学模式，可依据学情测查数据，学生自主选择附加专业教师引导，实行同一课程三级同质分班、分组，实施差异化教学，避免优等生重复学、中等生表层学、潜能生虚假学。优等生课程班、小组以自主学习为主，重在拓展提升，重在知识综合运用、在新情境中创新应用。中等生课程班、小组以相互讨论为主，重在查漏补缺，重在答疑解惑。潜能生课程班、小组以教师系统讲授为主，重在概念、定理建构，重在夯实双基、跟上进度。教学中可运用半圆形、圆形、马蹄形等课堂教学形态，方便教师走下讲台、走近学生，随时与学生沟通交流，及时发现问题、调整策略和解决问题。

（二）加强融合教学设计，激发学生学习动力

为了激发学生的学习动力，保障学生自主学习的效果，教师需要设计和开展真实的学习体验、开放式的学习活动，以任务驱动学生的学习动力。首先需设计真实的学习情境。在两个多月的大规模在线教学过程中，教师普遍认为真实的学习情境不仅有助于提升学生的学习兴趣，更能帮助学生真切地理解所学内容的价值，从而更好地激发学生的学习动机。例如，疫情防控期间教师设计了关于口罩生产的数学问题，发现答题准确率显著高于以往，同时学生在线会主动与教师进行互动，讨论解题思路与现实问题，学习热情空前高涨。其次要设计开放式学习活动。这就意味着要让学生自己思索问题、进行探究、寻求解决方案，鼓励学生在自主探究过程中实现知识建构。这是提升融合教学吸引力的重要策略，学生在此过程中能体会到所学内容的价值，并切实感受到自主学习的收获感与成就感，从而有效激发学习动力。最后要设计渐进式任务序列。有些学生对学习并不感兴趣，但是当任务设定为必须完成时，他们会为了完成任务而学习与思考。比如，为了通过考试，学生争分夺秒地备考，动力十足，这说明如果任务设置明确且合理，就足以激发学生的学习动力。在融合教学设计中，在课前、课中和课后环节，教师可设置渐进式任务序列，驱动学生形成持续、稳定的学习动力，从而通过任务驱动达到激发学生学习动力的成效。

（三）提高融合教学质量，引导学生参与教学决策

在教学活动中，教师要深入了解学生、认真备课，努力提高教学的针对性、实用性和趣味性。教师要充分考虑学生的实际情况，合理安排学习任务的难度。对学生完成的每一项具体任务，教师要及时给予评价，让学生及时了解自己的学习情况，明确自身取得的每一次进步。教师在教学资源设计与制作、教学进度安排、教学内容选择和教学活动安排等方面，要及时征求学生代表的意见和建议，据此对教学工作进行安排或调整。要引导学生积极参与融合式教学的决策，提高

教学的针对性和实效性，调动学生学习的积极性、主动性和创造性。

三、完善融合教学网络，加强硬件设施和平台建设

目前，学校基本实现了网络全覆盖，具备了开展融合教学的条件。但部分院校缺少教学资源制作的场地与设备，或者个别时段、个别场地还存在着网络不畅的情况，影响了教学资源开发和线上教学的顺利进行。学校要进一步加强教学网络基础设施建设，特别要加强微课制作室、录播教室等融合教学的硬件设施建设，为教师制作教学资源和开展线上教学提供有力支持；及时调整、升级或完善现有的信息服务系统，为教师和学生使用网络平台做好保障，从而方便学生登录网络学习平台，随时随地开展线上学习活动。

网络教学平台是开展线上线下融合教学不可或缺的软件系统，它可以突破传统教学时间和空间固定的藩篱，有利于提高教学效果，改善高校的人才培养模式。然而，当前线上线下融合教学使用的平台的完善性不够理想，处于中等水平，还有很大的提升空间。平台的完善性对教学效果有着正向的显著影响，不同教学平台的功能不尽相同，平台中资源的丰富性和实用性也存在较大的差异；不同教师对平台上资源和功能的利用率也不同，造成不同课程、不同任课教师的教学效果不同。

首先，任何事物，只有有效地满足使用者的需求，才能体现出它的有用性。因此，平台开发商在开发平台之前应该广泛地调查了解它的使用者——学生和教师需要怎样的功能，才有可能有针对性地设计，满足学生的学习需求和教师的教学需求，这样才能使设计出来的软件平台有运用推广的市场。比如，交互功能是平台实现有效教学的重要基础，是利用互联网突破时间和空间藩篱的交流互动，平台上有效的交互功能有利于激发学生的学习兴趣和保持学习的动力。据此，平台开发商应该完善平台的网络社区，完善在线疑难解答的交互功能。

其次，学校在购置或引进在线教学平台时，应该组织相关领导、教师和学生共同体验和分析平台的优劣，根据教师和学生的需要、学科的特点和学校的经费预算，选择购买或引进最优的教学平台。

最后，教师在录制或者选择微课视频时，要注重理论知识的实用性、微课视频的有用性，把抽象的理论知识具体化、生活化，加强理论与实践的联系，便于学生理解。同时，在录制微课视频时，要注重知识的呈现方式，把动态呈现方式和静态呈现方式结合起来，语言要生动，教学态度要热情，选择的案例和插播的视频要充满教育性、情景性和价值性，使学生利用平台自主学习也能收获满满，

提高学生学习获得感。

四、建立融合教学的评价和激励机制

与传统课堂教学相比，融合教学需要科学、丰富、有趣的线上教学资源，需要灵活多样的师生互动活动，需要教师投入大量的时间和精力。学校要建立相应的评价和激励机制，调动广大教师实施融合教学的积极性，鼓励更多教师参与到融合教学中。院校要出台推进融合教学开展的政策，明确融合教学建设的目标、任务、要求、步骤、保障机制、激励措施和课程建设标准等。要加强在线开放课程、融合教学等教学项目的立项建设工作，给予相应的经费支持，并将其作为职称评估的条件。适当开展优秀融合教学评选活动，给予相关教师一定的物质和精神奖励。适当增加融合教学任课教师的工作量系数，鼓励教师积极探索有效开展融合教学的策略。院校要研制并出台融合教学的评价标准，从课程信息、教学资源、教学活动和教学实施效果等方面对融合教学质量进行评价，并定期公布评价结果。要定期召开教师和学生座谈会，听取教师、学生对融合教学实践的意见和建议。要建立教学督导员等专业人员参与的听课制度，对融合教学进行跟踪研究。要定期举办教师经验交流会和沙龙。要及时总结与提炼融合教学中的先进经验，做好宣传和推广工作；及时分析融合教学中的问题与不足，研究改进方法，并做好相应的指导工作。

五、提升教师信息素养和教学设计能力

教师潜意识里对融合教学的认同感和知识储备决定了其融合教学能力的提高程度。教师要树立正确的信息化教学理念，注重现代信息技术在教学中的应用，努力实现课程教学与信息技术的深度融合，提高教学的实效。要全面提升信息素养，熟练使用各种办公软件、音视频制作剪辑软件并掌握人工智能、大数据、虚拟仿真等技术。教师必须勇于迎接挑战，跳出固有的教学思维，改变以教师为中心的传统观念，加强信息技术理论学习，积极参加理论和实操培训，不断提升信息素养。对于教学中使用的教学平台要做到熟练操作、运用自如，不能因教学中出现操作问题而耽误教学进程。在教学过程中，教师是否想用、是否会用、能否善用信息技术，都是实现信息化教学的关键。

教师的教学设计能力是影响教师教育教学效果最直接和最基本的因素。提高教师的教学设计能力是提升教学效果的有效途径，是改善教师教学行为的积极策略。在融合教学模式下，教师应根据学生的学情和教学目标，对线上学习内容、

线下授课内容进行精心设计，使之有序衔接、有机融合。对于教学设计，教师要有课程意识、科学设计的意识以及职场化的意识。进行教学设计时应站在课程的高度，从学生的需求出发，充分体现课标的要求。

六、树立创新型教学技术观

（一）提高数据搜集和分析能力

信息化时代，各种微媒体、应用软件产生了大量的文字、图片、音频和视频数据，有的与课程教学有关，有的与课程教学无关，而无关的信息经过加工处理也可以转化为教学所需信息。教师掌握的数据类型越广、规模越大，可用于教学设计的资源就越多，传递给教育对象的信息就越全。因此，教育工作者应自觉掌握教育资源库、视听觉媒体、社会性软件及其他各类数据库的信息搜集和筛选技术，具备对大数据信息资源的发掘、提炼和转化能力。

同时，在掌握海量数据的基础上，归类分析数据也至关重要。如果没有正确的数据分析方法，再多的数据资源也不能服务于课堂教学，不利于课堂信息的有效传播。因此，在大数据时代，教师的数据分析能力水平和信息预测的准确程度，直接关系到学生对教育信息的接受程度，也直接关系到教育方式方法及体系的构建。

（二）结合新媒体技术创新教学方法

自"互联网＋教育"兴起以来，涌现出了很多自媒体、应用软件、教学平台，如易班、钉钉、腾讯课堂、慕课等，以及较早的 QQ、微信等社交软件。这些软件和平台各有所长，教师要找到适合自己教学特点的平台，就必须对这些新兴媒体有全面了解，并不断地摸索和尝试。在具体应用方面，可以利用易班开展微电影大赛，增强学生学习的主动性和创造性；利用抖音拍摄短视频，与粉丝互动，吸引更多人关注，增强学生课堂获得感。教师应制作属于自己的移动教学课件，提供手机端的自我测评、微信开班开课、签到、点名等交互功能；还可以结合课前、课上、课后等不同教学时段，提供社交情境学习、教学数据分析、精彩内容分享等学习云服务功能，不但可以活跃课堂教学气氛，还能提高学生的学习兴趣，轻松实现课堂的信息化互动。

（三）树立与时俱进的教育技术观

与时俱进是马克思主义理论的重要内容，不仅体现在教师的知识更新上，也体现在教育技术上。习近平总书记对教育的发展与创新途径指明了方向，"要因事而化、因时而进、因势而新"。随着"互联网＋教育"的不断深化，越来越多的高端前沿技术被应用到课堂教学中，传统的授课模式因此会产生颠覆性的改变，技术因素所占比重越来越大。教师必须积极面对、主动学习、深入研究、因势利导。

首先，应对新兴教育技术保持兴趣。兴趣是最好的老师，人一旦对某些事物产生浓厚的兴趣，就会主动去求知、去探索、去实践，并在这个过程中切身感受到技术带给教育的愉悦体验。

其次，应对技术保持敬重。时代在前行，技术在更新，只有跟新时代同呼吸、共命运，抓住技术的发展潮流，把握技术发展规律，才能不被时代抛弃。因此，教师应走出"舒适区"，走进"学习区"，将与时俱进的教育技术观渗透在课堂教学过程中，才能使教育实现"因事而化、因时而进、因势而新"。

第三节　线上线下融合教学反思和前景展望

一、融合教学反思

（一）课程内容改变

在线上线下融合教学过程中，课程内容不再局限于教材内容，更多的是对教材内容的扩展。因网络的便捷性，各种资料的查询十分便利，在上课过程中会为学生提供大量的学习资料。而线下教学更依赖于教材内容，着重于用每一章节知识去达成章节的教学目标，就教材讲内容，会使学生的知识面变窄，不利于学生的全面发展。增加课程内容并不是增加学生学习负担，更多的是为学生增加本节课的学习动力，营造活跃的课堂学习氛围。

教学中发现课程内容增多会使学生的学习兴趣增加。但对于不会合理安排学习时间和对学习内容分不清主次关系的学生来说，课程内容的改变使其学习过程混乱，认为课堂过于开放，思路过于发散，教师需要重视这种情况。学生是一个相对独立的个体，课堂教学中学生的知识积累程度、思维方式都具有差异性，因此对课程内容增加的量和增加的位置都需要慎重揣摩，进一步修改课程内容。

（二）教学方案改变

线上线下融合教学模式与 5E 教学模式相结合。"5E"指的是：参与（Engagement）、探究（Exploration）、解释（Explanation）、详细说明（Elaboration）和评价（Evaluation），因为 5 个学习阶段的英文单词都以字母"E"打头，故称"5E 教学法"。"5E 教学法"充分发挥学生的主动性，激发他们的学习兴趣，引导他们的思维，更注重学习过程，专注知识创新和实际应用。将 5E 教学模式中的 5 个阶段利用线上和线下的方式进行授课，通常参与和探究过程在线上进行，解释和详细说明过程在线下进行，评价过程在线上进行。但以上过程的教学方式并不是一成不变的，可以根据不同的课程内容选取不同的教学方式。例如，探究步骤中穿插解释的内容或在探究、解释、详细说明步骤后进行评价。评价都是利用线上方式进行的，因为学生线上作答后，教师会快速收到反馈数据，有利于教师了解学生的学习情况，便于教师帮助学生突破重难点。这种教学模式中，线上和线下不再是分裂的，而是融合在一起，这就体现了线上线下融合教学的融通性的特点。

线上线下融合教学的另一个特点便是共时性。共时可以是在一节课中出现线上和线下两种形式，如可利用学校的多媒体教室或在配备手机或平板电脑的教室进行授课；还可以利用线上和线下两种形式进行一节课程内容的教学，如可在线上和线下分别设置 1 课时，共同完成教材中一节课教学内容的讲授。这样可以很好地体现线上线下融合教学的共时性。

（三）师生关系改变

师生关系由以教师为主转变为以学生为主。线下教学因课时有限、教学任务繁重，教学过程始终处于学生为倾听者、教师是课堂的主导者的状态。但学习应是学生独立完成的事情，线上线下融合教学将课堂主动权交还给学生，教师作为辅助者提供大量的学习资料，营造学习氛围，将知识与知识串联在一起，而思考、探究、解决问题都需要学生独立完成或是与同学组成团队共同完成，这也是团队协作能力的培养方式。正因为线上线下融合教学由线上和线下两种教学方式组合而成，课堂的主动权可以交还给学生，学生需要自主进行资料的处理和运用，进而达成线上的教学目标。教学中，教会学生如何学习比学生学习知识更为重要。

（四）线上线下融合教学的注意事项

1. 对教师信息素养的要求

线上线下融合教学中一部分为线上教学，这对教师的信息素养要求较高。教师在线上授课过程中常常不止使用一种软件，大都是多种软件并用，根据软件的特点进行选择使其适用于教学过程。在何时更换软件等问题都需要在备课时进行设计和多次尝试，以免浪费课堂时间。

2. 外在条件的问题

线上教学若在学校进行，学校需具备多媒体教室或是配备平板、手机等多媒体设备的教学环境；若是在家中进行，需要和家长沟通，征得家长的同意和理解。家校合作要密切，及时沟通并处理问题，以满足线上授课的外在条件。

3. 教学内容的选择

并不是所有教学内容都适用于线上线下融合教学模式。此模式课程内容准备较多、备课时间偏长，长时间以此模式授课会使学生和教师都产生疲惫感。此模式更适合开放性强的课程内容，提供大量的课程资源供学生自主学习；或是应用性强的知识学习，可进行线上测试，以便掌握学生学习情况。

4. 学生视力保护问题

教师需合理安排上课时间，在不耽误课程和视力保护之间取得平衡。线上课程可选择屏幕更大、距离更远的电子产品，字号不宜太小，视频分辨率越高越好，防止学生视力下降，保护眼睛。

二、把握教师融合教学能力发展的规律和原则

（一）理论与实践相结合

教师融合教学能力发展，首先要解决理论知识与实践知识的关系问题。教师开展融合教学，既需要融合教学的理论知识，也需要融合教学的实践知识。促进教师融合教学能力的发展，最终目标是促进教师融合教学理论与实践知识的相互转化。同时，教师专业能力发展是非线性的，理论与实践不是非此即彼、相互独

立的线性关系，而是相互交织、共同发展的关系。因此，理论与实践结合，既是教师融合教学能力发展的目标，也是对教师专业发展过程的要求，因此成为教师融合教学能力发展的首要原则。

促进教师融合教学理论与实践相结合，包含两条典型的原则：①采用能力为本的教师专业学习模式。促进教师融合教学能力发展的教师专业学习不能被拆分为理论学习、实践训练这样线性的单一活动，不能把融合教学理论知识的学习视为独立的环节或活动，而需要在全过程体现理论与实践结合的思想，设计或采用理论与实践充分融合、能力为本的教师专业学习模式。②设计专门的能力发展活动。教师融合教学能力发展的难点不在于理论知识的习得，而在于如何把理论知识与实践相结合，转化为实践知识和能力。因此需要为教师设计专门的能力发展活动，如学习设计、同伴协作、教学反思、教学实践等。

（二）发展的连续性与递进性

在融合教学能力发展的研究中，不论是科尔布等描述的教师经验学习周期，还是野中郁次郎提出的知识创生螺旋模型，都体现了教师专业学习过程的连续性和螺旋上升性。其核心思想是通过观察、模仿、反思、实践等连续性的学习过程，促进教师的发展。因此，促进教师融合教学能力发展，需要把握融合教学能力发展连续与递进的关系，体现连续性和递进性的迭代思想。

教师融合教学能力发展的连续性和递进性主要表现在以下三方面：

①专业发展阶段方面。教师融合教学能力发展项目需要包括需求分析、解决方案、评价等连续过程。例如，前期包括教师融合教学需求分析或能力评价，中期包括连续的专业学习活动，后期包括教师融合教学能力及项目的整体评估。

②专业学习活动方面。相关活动设计包含"设计—反思—实践""同伴协作—反思"等递进关联的学习活动序列。

③专业发展周期方面。相应发展过程不应止于专业发展课程内部，需要延伸至更长的专业发展阶段。后期给予教师能力评估和发展支持，提供系统持续的培训计划。

（三）线上线下与教学现场融合

作为教师专业发展的重要理论基础，情境学习理论强调将教师的学习置于社会性合作参与的情境中，通过实践参与、思考认知和身份建构获得技能；体验学习理论强调教师作为学习者，在体验、反思、检验的循环过程中实现认知内化和升华。

因此，促进教师融合教学能力发展的重要原则是线上线下与教学现场融合，为教师提升融合教学能力创设情境化、体验式的学习环境。线上线下与教学现场融合的原则与理念应体现在教师融合教学能力发展的全过程，促进教师"融合教学者"与"融合学习者"双重身份的体验和相互转化。①线上、线下与教学现场融合的教师研修模式，让教师在体验中学习。教师作为融合学习者，亲身体验、参与融合学习，促进教师对融合学习的深度理解。②线上线下与教学现场融合的教学实践，让教师在行动中提高认知水平。教师作为融合教学者，通过在教学实践中设计、实施线上线下融合教学，在行动中学习知识，发展融合教学能力。③线上线下与教学现场融合的专业发展模式，促进教师实现理论与实践的结合。

三、处理好融合教学中的关系

（一）教师主导性和学生主体性的关系

融合式教学处理好主导性和主体性的关系应当成为人们重点关注的问题。正确理解融合式教学主导性和主体性的关系，必须克服两种错误倾向：一是过分依赖线上教学模式，缺乏线下师生交流。这种模式下，学生通过自己看直播课、录播课、微课等进行学习，教师仅仅是"资料的发送者"，在教学过程中隐形。二是将线下教学完全线上化，不能充分利用线上教学的优势。此种情形下，教师将线下教学的模式完全照搬到线上，以教师讲授为主，不注意运用网络学习资源，不能充分调动学生学习的积极性和主动性。摒除这两种错误倾向，构建符合融合式教学实际的师生关系，实现学生自主学习和教师引导有机融合。

为此，教师应当准确把握课前、课中、课后三者的关系，发挥好"线上"和"线下"融合教学的优势。课前，教师可以发放教学任务单，引导学生明确学习目标，上传一些视频资源帮助学生完成自主预习，并通过线上社区交流等形式提前了解学生学习中的问题。课中，教师针对学生的难点、重点问题，通过强化辨析、情境创设、优化案例、小组合作等方式进行内容讲解，并借助教学软件工具实现线上投票、留言互动、弹幕测试等功能。这样便可在缩短教师讲授时间的同时提升课堂效率，增加师生的互动，提高学生主动性。课后，教师可以采取"规定动作＋自选动作"相结合的方式布置作业。自选动作主要作为学生的扩展性学习，发挥线上线下优势，可以是经典著作导读、影视资源鉴赏等多种形式，也可以是与教学内容相关的社会实践活动。

（二）数字化资源数量与教学质量的关系

网络技术的运用为教学提供了更为便捷的平台、更为丰富的教学资源。一方面，教师可以采用微课、电子任务单等形式引导学生进行课前自主学习，借助声音、视频、图片、动画、虚拟技术等激发学生学习兴趣。可以说，网络技术利用其可操作性、便捷性等特点将众多资源转化为可视化的数字化资源，为教学带来了更多的选择。但是另一方面，面对数字化资源的多样性，如何进行资源的选择就变得尤为关键。因此，只有将数字化资源的数量转化为教学的质量，才能有效实现课程的育人目的。

实现数字化资源为教师所用、为学生所用，应该坚持以下几个原则：

首先，政治性原则。网络文化资源的主流是积极的、健康的、向上的，但网络文化资源也呈现出泛娱乐化、低俗化等特点。我们必须清醒认识到，教学绝不是戏谑、搞怪的秀场，教师必须围绕教学目标，选择体现党的政治立场、政治方向、政治道路、政治原则的资源作为教学材料。特别是一些网络谣言干扰着人们的视线，各种立场的观点充斥网络，教师只有站位正确，"善于从政治上看问题，在大是大非面前保持政治清醒"，才能保证育人的方向性。

其次，时代性原则。引导学生经历自主思考、合作探究的学习过程，理解中国特色社会主义进入新时代的历史方位，了解新时代中国特色社会主义经济、政治、文化、社会、生态文明建设和党的建设进程。因此，融合教学模式下的教学资源应当是体现中国智慧、中国力量、中国精神等反映时代主题的内容，为教学服务。

最后，创新性原则。网络技术的发展在一定程度上改变了以往教师对知识和资源的"垄断"局面，这无疑给教学带来了冲击。教师只有不断创新教学资源的形式和内容，才能增强对学生的吸引力。一方面，教师要提高网络技术本领，提升技术素养，实现资源的有效整合；另一方面，教师要提高自身教学能力，增加教学内容的广度和深度，为学生提供更宝贵的教育资源。

（三）教学内容理论性与教学达成实践性的关系

实践性教学是教学的关键环节，也是当前活动型学科课程构建的必然要求。关于实践性教学，当前可以采用线下社会实践和线上虚拟实践相结合的方式进行，据此引导学生将理论内化于心、外化于行。另一方面，在"互联网+"时代，虚拟实践教学对于推进实践教学也具有重要作用，能够实现与现实实践的有效融合，最大限度发挥教育的功效。

虚拟实践是指人们运用计算机、网络和虚拟现实等信息技术，在电脑网络空间中有目的地、能动地改造和探索虚拟客体的一种客观活动。虚拟实践具有虚拟实在性、交互性、自由开放性等特点。根据虚拟实践的特点，可以从以下几个方面展开虚拟实践教学。首先，虚拟仿真体验。教师可以带领学生线上"云游"博物馆、纪念馆、资源库等，亲身感受和体验丰富的资源内容，并根据相应的教学内容完成考察报告。其次，线上社会调查。最后，线上专题访谈。学生借助虚拟实践的交互性特点，在足不出户的情况下仍可完成专题访谈等实践任务。

（四）学生个性化发展与育人共同体多元性的关系

实现人的自由而全面的发展是人类社会发展的最高价值追求。人的自由而全面的发展与人的个性化发展紧密相连，二者相辅相成。每一个个体都具有独特性，教育应当关注个性化发展。马克思指出："只有在共同体中，个人才能获得全面发展其才能的手段，也就是说，只有在共同体中才可能有个人自由。"对于教育而言，必须打造育人的共同体才能有助于学生的个性化发展；反过来，个体的独特性发展也会反映共同体的发展。融合式教学必须充分实现家校、教师、师生、生生等多方面的有机联动，打造好线上线下育人共同体以解决"怎么培养人"的问题。

首先，家校协同育人。家长在学生学习、生活等方面扮演着更为重要的角色，家校之间必须紧密联系、互通有无，才能及时了解学生情况。教师有必要通过班主任或者直接联系家长的方式及时了解每位学生的学习状况、身心状态等，据此才能更好地把握学生学情，制定切实有效的学习策略。其次，充分发挥教研组的作用。与传统的课堂相比，融合式教学任务量明显增加，加之教师对于融合式教学的认知也需要一个过程，所以仅靠教师自己单独完成，面临的困难不小。教研组老师可以共同搜集资源、分工制作学习任务单和微课等。再次，生生合作学习。学生之间可以共建线上、线下学习小组，营造良好的学习氛围，答疑解惑，互帮互助。教师也可以通过线上线下展示良好学习行为、优秀作业等形式树立学习的榜样，激发学生的学习热情。最后，打造专属的育人平台与机制。当前各类教学平台多种多样，专业技术人员与教师如果能够相互合作，结合学科的特点将资源数据库、课后答疑、实践教学等各个环节有机衔接在一起，实现各板块之间的有机联动，将技术优势转化为价值优势，无疑能够进一步推进课程改革，促进人的自由而全面的发展。

四、融合教学前景展望

当前，融合教学在我国的教学实践应用中还有一些问题。但是，从教学发展和整个社会科技进步的趋势来看，融合教学的发展前景一片光明。一方面是由教育发展规律和学生的特点决定的。与被动学习相比，学生自主学习的效果和效率必然是更高的，突显学生在教学中的主体地位是未来教育发展的必由之路。而从学生自身的情况来看，其自学能力已经达到新的高度，更加适合使用融合教学法。另一方面，人类社会信息传播与存储技术的突飞猛进为融合教学的发展繁荣提供了技术支撑。信息技术的发展打破了知识传播的不对称性，只要有意愿，所有人都可以花费极低的成本（包括金钱和时间等）同时获取想要的知识和信息。这为融合教学的应用打开方便之门，并注入了不竭动力。

近年来，我国各高校在融合教学方面的探索也愈加活跃。例如，2018 年华南师范大学推出"砺儒·新师范创新学习空间"和教师教学技能实训中心，计划打造具有示范性的现代化智慧课室，以真正实现线上线下融合。可以预见，类似的创新努力必将不断涌现，推动融合教学在我国高校教学中的应用发展将取得更大的成功。2019 年 2 月，中共中央、国务院印发指导中国教育中长期发展的文件《中国教育现代化 2035》，其中就特别强调了教育要重视利用现代信息技术、实现教育智能化等内容。这一文件的颁布必将加快推进融合教学在我国高校的应用和发展。

线上线下融合教学模式在教育中的应用使得教育更加的智能化、灵活化、个性化。

（1）智能化

通过传感技术、媒体技术等将多媒体与网络教室结合在一起，能够实时捕捉学生认知情况、情绪波动、学习注意力并及时获取丰富资源，对课堂形成一个整体管理的空间。同时线上线下融合教学也使得学生最大限度地参与到知识学习中去，增强体验感受。在这一过程中产生的各项数据也使得学生的学习结果更加精准智能，学生可以根据自己的学习报告及时调节自己的学习状态，从而获得最优化教育。

（2）灵活化

首先是线上教学让学生学习方式更加灵活，融合教学模式为学生提供了更多学习方法，学生可以在自由时间里根据自身意愿在线上选择学习方式而不是一成不变，也可以与同学、老师在线交流，及时更改自己的学习行为；其次智慧课堂让学生学习思维更加灵活，在线学习不等同于只使用网络工具，而是最大化利用现有的学习手段将多门学科知识融会贯通，不再单一地思考问题，达到活学活用的目的。

（3）个性化

利用智慧课堂技术可以收集分析学生的数据，根据学生的表现行为、学习参与等情况，通过多样化的分析手段探究学生的学习情况并预测学生未来的学习成效，给予学生相应的反馈。同时能够在网络学习空间中为学生打造丰富的学习路径并给予及时的个性化指导，利用创新性的方法来解决他们在日常学习中遇到的困境，让学生得到个性化发展。在线上线下融合教学模式中，学生不用统一使用一种方式、一套教材或者一套习题进行学习，而是可以根据学生自身特点，结合老师的教学指导与学习建议进行分层学习。在智慧课堂下还可以通过不同的技术手段帮助学习者找到适合自己认知水平、学习习惯的学习路径，从而提高学生的认知能力。

第四章 教师信息素养

2018 年 4 月，教育部印发的《教育信息化 2.0 行动计划》指出，到 2022 年，"建成'互联网＋教育'大平台，推动从教育专用资源向教育大资源转变、从提升师生信息技术应用能力向全面提升其信息素养转变、从融合应用向创新发展转变"。《教育部 2021 年工作要点》提出，要"深入实施教育信息化 2.0 行动计划，加快推进教育专网建设，普及数字校园建设与应用……深化网络学习空间应用普及行动，全面提升师生信息素养"。显然，提升信息素养已成为新时代教师专业发展的重要任务。

本章主要介绍了教师信息素养，从教师信息素养的内涵和教师信息素养提升两方面进行详细论述。

第一节 教师信息素养的内涵

一、信息素养

（一）信息素养内涵

"信息素养"一词由美国在 1974 年第一次提出，将个人利用工具寻找、评估、利用信息的能力定义为信息素养。拥有信息素养的人必须能够认识到信息的重要性，即信息在解决问题、制定决策方案时发挥着基础性的作用。他们需要根据对信息的需求形成问题，能够识别出潜在的信息来源，并能够制订成功的搜索计划。从一开始找到正确的信息来源并且得到想要的信息，到后续对得到的信息的准确性、价值性等进行评价，评价完经过组织筛选的信息后，最后将它们应用到解决问题的过程中。随着时代发展，信息素养的定义也不断变化。美国图书馆协会认为获取信息的意识也是非常重要的，因为当今社会网络技术发展迅速，各种信息层出不穷；要想在纷繁杂乱的信息中获取自己想要的信息，具备信息素养是非常重要的。信息素养是一种能力，是人们从明确所需要的信息到发现、评价、组织以及使用这些信息的能力。在信息种类繁杂、真假难辨、信息技术快速发展的社会背景下，一个人想要融入这个社会，就必须具有信息素养。2015 年，《高等教育信息素养的框架》指出，信息素养是反思性地发现信息、理解信息生成的过程，并且能够使用信息去创造新的知识以及与信息更好地沟通交流的一种综合性的能力。随着新媒体渐渐取代传统媒体，人们需要对信息的真伪进行判断，对信息的价值做出评价，从之前的被动吸收信息逐渐转变为主动吸收信息。在此变化中，信息素养的提升就显得尤为重要。

1999 年，王吉庆编写了《信息素养论》，这是我国首部相关专著。王吉庆在书中详细解释了信息素养的内涵，认为信息素养是一种可以通过教育培育获得信息、利用信息、开发信息的修养与能力。同时界定了信息素养的几种属性：①信息素养作为一种素养，它是社会共同的判断；②信息素养是以社会实践效果来衡量的；③信息素养不是先天就有的，而是后天培育而成的。该定义是目前国内关于信息素养的使用最广泛的定义之一，同时也为后来学者进行信息素养的界定提供了一个方向。

总体而言，信息素养是一个动态变化的概念，具有整体性、发展性、层次性的特征。随着信息化时代的到来，信息素养成为一种必备素养的同时，它的定义发展也应更为细化和专业。

从上述概念其实不难看出，信息素养在定义上虽不尽相同，但是它们都包含了一种共识，即信息素养是综合性的，它包含多方面的知识、内容或技能。我们应从整体上去评价一个人的信息素养水平。

信息素养是信息化时代个体所具备的一种能力，从更广泛的意义上来看，它应当是综合性的、多方面的、分层次的、内在与外在相结合的，它不仅包括态度与意识、伦理与道德、知识与理论、技能与应用，还应当包括一个人对新技术、新知识、新信息的适应与接受、分析与判断、内化与输出。

（二）信息素养理论基础阐释

1.信息素质理论

有学者认为信息素质含义更加丰富，包括信息素养在内，并且符合人们的使用习惯。他从起点和目标两个方面对信息素质内涵加以定义，并结合国内外的信息素质内涵提出了信息素质过程－目标结构体系。其中，所要达到的信息素质目标是核心，人能够完成信息获取这个过程的要求则是信息素质内涵的具体体现。这个目标体系中包括信息素质过程理论和信息素质目标理论。

（1）信息素质过程理论

信息素质过程理论是国外通过信息行为过程对信息素质内涵的理解，涉及以下 6 个过程阶段：明确信息需求；查找信息；获取信息；组织信息；利用信息（表达、交流）；评价结果和过程。这些过程依次相连、纵向发展。

信息主体在每个阶段所必备的素质包括：首先要有信息需求，信息主体能够意识到信息的价值，并产生对信息的需求；其次在信息获取的整个阶段，需要具备相应的信息技能，如信息源分类知识、信息检索、信息加工和交流等技能，在整个过程中也贯穿着对信息来源和信息系统、工具等的批判性反思和评价；最后还包括在信息环境中需要遵守的道德伦理规范。

（2）信息素质目标理论

信息素质目标理论则是国内对信息素质的内涵的总结和归纳。信息素质目标理论是人们在信息素质上所要达到的理想状态，包括以下 5 个方面的内容：信息意识；信息观念；信息知识；信息能力；信息道德（伦理），这几个要素共同组成了信息素质的内涵。这些要素相互联系和依存，其中信息知识和信息观念是前提，信息知识是信息素质必备的条件，核心主要是信息能力，信息道德（伦理）则是规范信息活动的方向标。其中，信息意识意味着对信息有需求，能够发现有价值的信息，形成一系列信息处理过程的态度倾向，有良好的信息判断能力。信息观念就是人们所持的信息价值观，即面对信息化社会的变革，人们对事物的看法、态度和观念。信息知识包含信息是什么、信息的特征、信息系统、信息技术、信息运动规律和信息方法等多方面的知识。信息能力就是信息活动过程中涉及的获取信息能力、加工处理能力、信息利用能力和信息交流能力。信息道德（伦理）就是信息主体在行使其权利时应该注意保持与社会整体规范一致，自觉遵守法律法规，抵制违法信息，合理进行信息活动。

2. 教师专业发展理论

教师的信息素养是教师专业发展在信息化时代不断更新和扩充的重要内容，关系到信息化改革的成功与否。信息时代要求教师变革教育理念、教育方法和教育过程，教师也面临着在专业发展方面知识、能力、信念和情感的更新。因此教师的信息素养需要在教师专业发展理论中进一步深化。教师专业发展理论更加强调个体内在的专业素质提升，是个体不断增长知识、发展专业能力、实现专业进步、达到专业成熟境界的过程。

教师专业发展可以从两个维度来理解，一个是横向维度，以教师的知、情、意、行为基础，由信念理论、情感理论、知识理论、能力理论、教学相长理论、合作理论、反思理论和领导理论组成；从纵向来看，以教师的职前培养、入职教育和在职培训等教师生涯发展为脉络，由教师生涯理论、赋权职能理论、职业倦怠理论和性别理论等组成。

教师要实现专业发展有着内在的机制，也就是在教师发展的不同阶段所应该具备的条件。学者朱旭东将教师专业发展划分为5个"主体层次"来建构教师内在不断发展和提升的过程：前经验主体层次、经验主体层次、认识主体层次、价值主体层次和审美主体层次。教师在前经验主体和经验主体中的主要机制是"经验＋反思"机制，包括前经验主体层次教师经验的积累和经验主体层次教师知识系统化的过程。认知主体层次教师发展需要专业证据和数据机制，是在教师工作过程中进行研究。认识主体高层次专业发展的主要机制是专业概念和思想基础。教师首先是在理解专业概念的基础上产生对专业的理解，从而产生相应的教学行动。专业思想则是从经验事实抽象出来的，是教师育人、教学生学习和服务的动力来源。教师的专业发展也处于一定环境下，表现出共性和个性的特点。不同的环境下，教师发展的水平和高度是不同的；即使在相同的环境下，教师个体差异性也会产生教师发展的不同结果。国家的制度为所有教师提供了同等的发展条件；同时，教师所在学校文化的差异、教师所在学习社群的不同和不同的班级互动则形成教师专业发展的不同境遇。教师的信息素养水平正是因为环境的差异性而呈现出不同状态。

二、教师信息素养内涵

"基础教育信息化是提高国民信息素养的基石，是教育信息化的重中之重"，而"是否拥有大批掌握并能运用现代信息技术的教育工作者是推进信息化教育的关键"。如果说信息素养是信息化时代公民应当具有的一种普遍性素养，那么在基础教育的信息化时代，教师信息素养则在这种普遍性基础上还应当具有与教师职业相关的专业性信息素养的特质。教师信息素养的内涵也大多从这两方面来进行界定。

随着互联网飞速发展，信息素养从原先聚焦公民信息素养转向不同领域开展具体研究，其中包含教师信息素养。王轶等认为教师信息素养是其在实践中利用信息的意识和能力，即运用信息知识、采取适当的方法、选取相应的信息技术及工具、通过恰当途径去解决实际教学问题的能力。龙丽嫦等则认为教师信息素养应具有其职业独特性，必然要指向教育实践。宋权华等进一步提出，教师信息素养内涵应包含使用技术的社会责任，即认识到信息对民主化社会的重要性，做出与信息技术相关符合道德的行为。目前来看，国内大多数学者认同它是教师教育教学过程中应具备的信息知识、信息意识、信息能力、信息伦理道德等方面的总和。随着人工智能、5G 技术、大数据等新兴信息技术的发展，教师信息素养基本内涵势必还会发生变化，如以人工智能、数据思维为核心的教师信息素养已开始受到学者关注。

教师信息素养内涵可分为广义和狭义两种。广义的教师信息素养内涵应包括作为普通社会公民和职业教师应具备的基本信息能力，狭义的则指的是教师的专业信息素养。在对教师信息素养内涵与外延的界定上，葛艳红认为教师信息素养的内涵是信息和信息技术，外延是信息和信息技术实践，本质则是对信息和信息技术在教育教学中的全面认识、有效掌握、合理运用、正确评价，同样是对信息环境中的学习过程和学习资源进行设计、应用、评价、管理的新型综合教学能力。而教师信息素养作为公民普遍性信息素养与教师职业信息素养的结合，是在研究中应用最多的一种概念。这种结合主要体现在对教师信息素养定义的分类上。王英迪认为对于与学生接触最多的一线教师而言，不但应该具有普通公民所应具有的信息素养，还应具有较高的应用信息素养。

综上所述，本书认为教师信息素养是指教师运用信息技术进行教学的意识与能力等，主要包括教师信息意识、信息知识、信息能力、信息道德四个方面。其中，信息意识是对信息及信息技术的功能、价值、重要性等的认识；信息知识包括信息理论知识和信息技术知识，是信息素养的基础；信息能力是信息素养的核心，指对信息的检索（获取）、分析（生成）、消费（使用）和生产（创造）能力；信息道德指在信息空间中，教师要懂得与信息技术使用有关的经济、法律等知识，要懂得并遵循网络空间的游戏规则。

三、不同教师群体信息素养研究

不同教师群体信息素养研究可分为两类，一是按教师所授学科分类，如英语教师；二是按教师所教的学段来分类，如高职教师、中小学教师等。前者的研究成果显示，学者普遍认识到教师自身信息素养关系到信息技术与学科教学深度融合的程度，主张各学科教师都应具备良好的信息素养。如英语教师应利用信息技术设计贴近学生实际的课堂活动，吸引学生积极参与，消除其英语表达的焦虑。思政课教师需结合学科性质，教学方式上注重由"灌输"向"生成"的转变，对学生的精神文化方面产生持久影响。科学、技术、工程和数学教育（STEM）突出教师应具备情境化信息素养要素，主张通过亲身实践促进专业教师信息素养要素的融合。而近年来，整合技术的学科教学知识在技术与学科教学有效融合探索中显示出独特的优势，学者们认为未来其在智能化教学设计、教学实施与教学评价过程中具有极大应用潜力，有助于促进教师教研能力发展。

后者的研究成果发现，在高校教师群体中，存在学习动力不足、提升培训不精、信息应用能力欠缺等问题，特别是在年龄较大教师和文史哲学科的教师群体中表现明显，与学生所期待的高校教师信息化教学应用水平差距较大；而在职业学校的教师群体中，多数教师对教研、科研资源使用较少，信息加工能力不足，工作实践技能难以转化为有效的教学素养。另外，各学段的教师信息素养存在一定共性，不可避免地导致研究观点相似、研究重复率较高等问题。综合来看，鉴于不同教师群体信息素养在实际教学情境中存在差异，已有研究在极大程度上推动各学段教师信息素养探索进展，促进教师在信息技术和各学科融合的实践中提高自身信息素养。

四、教师信息素养标准及政策

我国的教育体系正处于信息技术的浪潮当中，在制定教师信息素养标准时，应积极借鉴先进经验，去其糟粕，取其精华，构建出符合我国国情的教师信息素养标准体系，用以提升我国教师的整体信息素养水平。

（一）标准研制

《教师信息及通讯科技能力标准》于 2008 年由联合国教科文组织与弗吉尼亚理工大学推出。其中指出，教师在正常教学过程中能察觉有关政策对教师专业所带来的转变，并具备扎实的学科课程标准和评估策略，在工作过程中可使用办公软件、管理软件应用程式和网络资源，并且把它融入课程中。《教师信息及通讯科技能力标准》认为教师信息素养与社会经济发展密切相关，促使教师信息素养发展逐渐模块化、具体化。

2014 年，教育部颁发了《中小学教师信息技术应用能力标准（试行）》（以下简称《标准》），从应用信息技术转变学习方式和优化课堂两个方面阐述了教师信息素养相关要求。《标准》强调教师应理解信息时代的要求，具备利用信息技术的意识，设计符合学生学习方式的信息化教学过程，并利用信息技术转变学习方式，开展学生自主、合作、探究学习。《标准》要求教师理解信息技术对专业发展的作用，养成利用网络学习的习惯，掌握专业发展所需的信息技术手段和方法，有效参与信息技术下的研修活动，实现学用结合。

（二）我国教师信息素养的相关政策

我国在社会高速发展的过程当中，始终重视各种行业对信息技术的运用。在教育行业中，从传统的电化教育到如今的技术与学科的融合，教师信息素养成为新教师必备的条件之一。

通过对我国颁布的有关教师信息素养的政策种类进行分析得知，政策类型可分为以下四大类：第一类较为宏观，主要针对教育事业的发展方向，其中谈及了教师的信息素养，表述简练、综合性强；第二类以教育信息化相关政策为主，在阐述教育信息化的同时提出了教师信息素养为教育信息化的一部分，关注发展、时代性强；第三类政策以如何提高教师专业素养为重点，不可避免地涉及信息素养，综合考虑、专业性强；第四类为单一的教师信息素养专项政策，有针对性、操作性强。

教师信息素养是教育信息化发展的重要一环。根据时代的要求教育部颁布了《教育信息化 2.0 行动计划》等重要文件，强调了信息技术与教师教学的深度融合，并将信息技术纳入教师考核系统，极大促进了教育信息化的发展。

第二节　教师信息素养提升

一、教师信息素养提升的必要性

（一）是教育信息化发展的必然要求

互联网和信息技术已经渗透到各个领域，同时也为教育活动的开展提供了便利条件。各种新的教育软件和教学方式层出不穷，在教学课堂上，翻转课堂、慕课等融合教学模式的发展速度越来越快。对于教师来说，需要主动学习相关的信息技术，不断提高个人的信息素养，只有这样才能更好地利用新型的教学模式和教育方法。

（二）是学校人才培养的客观要求

教育信息化是信息化社会的重要体现，学生能够利用互联网来选择自己感兴趣的内容，搜集需要的知识，教师在教学中的作用变得越来越小。为了更好地应对信息技术所带来的挑战，教师要提高自身的信息素养，这样才能满足学生多样化的学习需求。特别是学校在教育内容和教学方式上具有明显的社会性，在这样的背景下，实现互联网为基础的现代化信息技术的应用，可以帮助学生协调好实习与学习之间的关系，结合自身的时间和需要进行自主学习。

（三）是教师自身发展的现实要求

在教育信息化的时代，教师需要树立终身学习的理念，能够对自身的信息技能进行随时更新。在 2020 年上半年，受到新冠肺炎疫情的影响，教师需要运用互联网平台为学生开展线上教学，通过网络直播的方式来进行线上授课。这体现了对教师信息素养的要求，同时也推动了教育信息化的发展。这提示所有学校的教师，提高信息素养是实现自身发展的重要前提。

（四）是培养学生高阶思维能力的必要支撑

高阶思维能力是学生核心素养培养的关键，在核心素养培养目标导向下，教师必须要培养学生的高阶思维能力。这里所说的高阶思维能力主要包括问题求解能力、独立决策能力、辩证否定的批判性思维能力以及创造性思维能力等。高阶思维表现为思维的灵活性、深刻性、批判性与创造性，低阶思维则表现为思维的不可变通性、不成结构性、缺少批判性以及缺乏反思性等。由于受多种因素制约，过去大多数教师比较重视学生的低阶思维能力培养，并因此形成了对应的课堂教学认识和实践经验。

学生高阶思维能力培养要求教师能够探寻学生思维的生长点，拓宽学生的认知视角，激活学生的高阶思维，尽可能地使其思维跨越低阶认知，最终打造高阶思维课堂。作为学生高阶思维能力的培养者，教师必须要具备一定的素养才能促进学生高阶思维能力的培养。因此，在探讨学生高阶思维能力培养时，不仅要围绕学生思维本身来探讨，而且也要探讨教师信息素养对学生高阶思维能力培养的影响，并在此基础上有针对性地促进教师专业发展，创建适合学生高阶思维能力发展的教师条件。

学生思维发展需要通过后天训练来实现，一方面可以通过专门的思维课程来发展思维，另一方面需要学科教师在教学过程中糅合思维发展训练。按照以上逻辑关系分析，教师信息素养是学生高阶思维培养的重要影响因素，在很大程度上支撑着思维训练活动的进行。

（1）教师职能使然

教师承担着教书育人的职责，培养学生的高阶思维能力是当下教师教育工作的重要任务，其必须要在实践教学中完成该任务。教师教学的过程也是学生学习的过程，学生的思维能力发展主要通过学习活动来实现。教师是学生学习活动的组织者、设计者、引导者和支持者，其关于学习活动的设计情况关系到学生思维生发点的确定，影响学生思维的深度；其给予学生学习的引导支持情况则会影响到学生思维环境的创建，最终影响到学生思维活动的激发、拓展。简而言之，教师只有抓住问题本质，才能培养学生思维的深刻性；只有在课堂上质疑导辩，才能培养学生思维的批判性。

（2）学生发展需要

一方面，学生的高阶思维能力培养需要其自觉积极地深入思考问题，且超出能力范围推理、解释、推测和描述问题，也需要其能够在现有问题基础上提出新问题，并能采用多种方法或策略解决问题。另一方面，学生高阶思维的发展需要教师把课堂转变为学生自主学习场域，从教学者角色转变为教练角色。总之，教师要完成以上转变并扮演好自身角色，才能促进学生的高阶思维能力培养。

（3）素养作用决定

教师素养内涵丰富，从教学方法技巧、课堂管理能力到思维方式，都会在课堂教学中帮助学生训练高阶思维。其所具有的素养能够创建高阶思维形成的环境，整合教学内容，也能够建构高阶学习模式，提出合适的高阶思维问题等。学生的高阶思维能力发展对课堂环境条件的各种需求，都需要通过发挥教师素养的作用来实现。教师素养水平的高低或者全面与否直接影响着学生高阶思维能力的训练发展条件，进而影响到学生的高阶思维能力发展。

综上可知，学生的高阶思维能力发展需要外部环境来推动，而教师素养是建构外部环境的关键因素。教师只有具备建构高阶思维环境的素养技能，才能真正推动学生的高阶思维能力发展。

二、提升教师信息素养的意义

（一）顺应教育信息化发展要求，推动我国教育教学改革

2018 年《教育信息化 2.0 行动计划》的颁布，标志着我国由教育信息化 1.0 向 2.0 迈进，从提升教师信息技术应用能力向全面提升其信息素养转变。对教师应用信息技术开展教育教学的要求不断提高，在以"创新"为引领的信息 2.0 时代下加快提升教师信息素养是亟待解决的问题。

以人工智能为代表的新兴信息技术正不断渗透教育领域，在改变传统教育生态体系的同时，重新定位教师的角色———教师由知识的传输者向学习的促进者转变。需要教师自觉将教育观念与信息技术进行有效融合，变革教学模式和教学方法，做到因材施教。

面对教学对象、教学内容、教学环境的转变，如果教师的信息素养与能力欠缺，则无法应对这些转变，进而影响教学效能。而我国学生数量众多，且教育本身对技术和课程有着一定的要求；教学过程中各种媒体与技术应用多元、交互性强，教学内容也不再是单一的教材内容。要利用现代快速发展的信息技术辅助教育与课程教学活动、转变课堂教学形式、提升学生学习效果，进而提高教学质量，这就需要教师在日常教学中转变传统课堂的形式，从讲授者、教学内容（信息）的直接提供者转变为课堂学习的引导者、设计者、促进者、分析者、组织者、参与者、合作者。应以现代教育技术为抓手，激发学生的兴趣，突破教学难点，丰富教学方式，优化课堂练习，促使课堂教学更加形象化、多样化、视觉化，从而优化课堂教学形式。

（二）提升教师的信息化教学能力，促进教师专业发展

"互联网+"的无边界渗透使教学内容和教学方式等发生了质的变化。教师可以获取大量学习资源，不断更新自身专业知识，为学生做出终身学习的表率。教师是立教之本、兴教之源。信息化带动教育现代化战略的实施，关键靠教师，核心是教师要具有信息化教学能力。一般情况下，信息素养高的教师具有较强的信息化教学能力，他们能够迅速从线下课堂教学（传统课堂）转换到线上教学，课前利用网络教学资源备课，发布调查问卷、预习资料、任务通知及设计课堂教学活动，课中利用各种直播平台进行在线直播、异步在线教学、线上高效签到、发布测验快速了解学情、在线互动讨论抢答等，课后线上发布作业并批改，分享学

习资料且给予指导，督促学生进行延伸学习；随时发布测试、调查学情、调整教学方案，通过各种教学软件监督学生学习，组织管理学生线下活动等。同时，良好的信息素养也能帮助教师在教育教学和科研中快速获取所需信息，解决工作实际问题，促进其专业能力发展。

信息时代，教师专业化的内涵和外延被重新定义，基于技术工具论的教学能力发展对教师专业化的帮助较为有限。运用现代教育技术打造人机协同学习环境，创新课堂教学模式，实现信息技术与教学的深度融合，既是教师信息素养的核心能力，也是教师思维新、视野广、专业化的重要体现。

（三）适应新型教育生态，帮助学生提升信息素养

《国家中长期教育改革和发展规划纲要（2010—2020年）》中提出"强化信息技术应用：提高教师应用信息技术水平，更新教学观念，改进教学方法，提高教学效果"。"互联网+"时代，学习者是信息时代的原住民，他们获取知识、信息的途径不再仅仅是教师；教学环境与学习环境都发生了变化；教学内容也得到了整合，不再是单学科内容。这些转变都对教师的信息素养提出了新的更高的要求。

当前教师肩负培养和提升学生的信息素养的任务，教师自身必须具备更高的信息素养能力。在"互联网+"时代，教师是学生学习的设计者、引导者、合作者、实施者、促进者，是学生学习效果的分析者，应拥有信息化教学所应具备的获取信息、分析信息、加工信息、利用信息解决教学中实际问题的一种综合适应能力。"互联网+"时代学生的信息获取和信息处理能力较强，但是他们的数字化学习能力不足且主动学习意识不够。

因此，教师作为引导者、合作者、设计者、促进者和分析者，应在实际的教学中注重相应的教学设计与组织，不断提高学生对信息资源的收集、加工、处理能力和整合运用能力，全面提高学生信息素养，培养信息时代的合格公民。这样才能使得学生面对纷繁复杂的信息时代时能从容应对各种挑战。

（四）推动课堂个性化，增强课堂教学实效性

教师信息素养推动教学个性化，主要体现在两个方面：一方面是为教学方法个性化提供了技术支持。翻转课堂可以引导学生带着问题去思考；蓝墨云班课可以组建学生学习小组，激发学生的团队合作意识；虚拟现实技术可以把博物馆、纪念馆搬到课堂上，实施沉浸式教学。熟练掌握新兴技术并付诸实践，有助于实

现教学方法个性化。另一方面是为教学资源个性化提供了可靠来源。国际形势变幻莫测，马克思主义中国化理论不断创新，教师良好的信息素养可以促进教学内容紧跟时代、紧贴热点、常讲常新，同时做到与众不同。

增强教学实效性是课堂教学改革的出发点和落脚点。教师信息素养驱动课程改革创新，推动课堂实效进一步提升。一是教学内容实效性提升。大数据、人工智能等信息技术的应用提供了教育对象的精准画像，真正做到教学内容因材施教、有的放矢。二是教学过程实效性提升。信息技术可以替代教育主体进行简单重复的工作，如课堂点名、作业收集与反馈等，解放了教育主体，节约了教学时间，提升了课堂效率。三是教学评价实效性提升。使用现代信息技术，通过有效数据勾勒课堂教学进程，追踪学生成长，做到定量与定性相结合，提高教学评价的科学性和实效性。

三、提升教师信息化素养的实践

我国教育部颁布了《教育信息化 2.0 行动计划》，计划中明确地提出了加快信息素养提升的号召，并制定了"信息素养全面提升行动"。此行动除了要求各高校加快提升学生的信息素养外，也大力鼓励高校重视教师信息素养提升工作。高等教育事业是我国培养人才的重要基地，也是我国教育事业的重要组成部分之一。教师是高校教育的践行者，教师的行为对学生会产生深远的影响，教师的信息素养水平会直接影响到我国高校推进教育信息化的效率和质量。因此想要确保新时期教育信息化工作顺利开展，需要贯彻落实党和国家的推进教育改革意见，加强高校教师的信息素养教育，鼓励教师自觉学习人工智能等新技术，加强教师对于人工智能、信息技术等的应用，进而精准地促进教师理念更新。启动"人工智能＋教师队伍建设"倡议，推进人工智能支持教师治理、教师教育、教育教学、精准扶贫等新途径，确保通过教育信息化提高教学效率。

传统的教育模式中，以师生面对面互动为主要教学方式，并且以教师讲述为主，教师是课堂的主导者，而学生只是被动地接受教师的知识。此种教学方式通常无法培养学生的自主学习能力。随着教育改革不断深化以及先进技术的发展，移动智能终端迅速崛起，网络技术的应用使得教学模式发生很大的变化。学生在网络资源的辅助下，自主学习能力得到提升，学生的学习主观能动性得到充分发挥，学习模式变得越来越自由。学校的授课方式也逐渐以探究为主，打破以往学生只能被动参与教学过程的局面。基于此种背景，如果教师不能及时调整教学理念就无法适应教学环境的变化。教师要考虑教育信息化 2.0 的需求，借助网络教学设备提升学生的学习兴趣，提高自身的信息素养，并将信息化教学手段引入课堂，灵活地借助手机客户端、智能终端等设备拓宽教学渠道，将预习、复习等内容集中在互联网平台上，进而有效地提升教学效率。

四、影响教师信息素养提升的因素

（一）教师信息化意识

新时代，教师在教学活动中有很多教学资源、教学方法可以选择。但是在实践中，依然有一部分教师的信息化意识相对较低，在教学中墨守成规、不愿意使用先进的教学手段。这部分教师没有及时更新自身的教学观念，也不愿意持续学习，造成了教师的信息化素养比较低，无法满足教育信息化建设需求。

（二）教师信息知识储备

新时期，不管从事什么工作，都有大量的信息需要处理，因此具有丰富的信息知识及良好的信息处理能力十分重要。就目前而言，高校教师大多没有接受过系统的信息化教育培训，他们利用信息技术的能力相对较差，无法灵活地借助信息技术解决教学中存在的问题，从而影响自身的综合发展。

（三）数字化教育资源

随着信息时代的到来，高校也越来越看重数字化建设，学校投入了很多资金用于软硬件设施采购。但是在实践中，由于现代信息技术发展很快，经常出现软硬件设施与最新技术脱节的情况，造成高校的数字化教育资源相对不足，无法对学生进行良好培养。这也在一定程度上影响到教师信息素养提升。

第五章　融合教学模式下的教师信息素养培养

"互联网＋教育"是顺应信息时代教育发展潮流的必然选择，代表着教育发展的未来。教师应认清形势，主动适应信息化、人工智能等新技术变革，运用现代教育技术创新课堂教学模式，改革教育方式方法，实现信息技术与教学的深度融合。因此，教师信息素养的重要性更为突出。

本章主要介绍了融合教学模式下的教师信息素养培养，主要从融合教学模式下教师信息素养的现状、融合教学模式下教师信息素养的培育和融合教学模式下教师信息素养提升策略三方面进行详细论述。

第一节　融合教学模式下教师信息素养的现状

一、融合教学模式下教师素养的新结构

教师是教育的基础，教师质量决定着人才质量，高校教师队伍是高校教育质量的核心指标。未来的高校教师应具备"知、情、意、行"全方位的素养，表现为具备深厚的专业底蕴、具备终身学习的理念和能力、具备全球化视野和良好社会服务意识等，具体表现在基础、成长、拓展三个方面。

①基础。未来的教师必须面向社会需求，能否满足实际需要将是衡量教师教学成功与否的关键指标。教师应当在专业方面接受过良好的培训，应该具有系统性的学科专业知识、专业技能，并能够在课堂上有效应用，这是教师"教好书"的必要条件。

教师专业素质不仅包括基础的学科专业知识素质，还包括专业技能素质、心理素质和特有的专业情义。同时，未来的教师应是能胜任信息化时代全新人才培养要求的数字化教师，其能力主要体现在三个方面：熟练使用信息设备的"技术"、信息化教学设计的"艺术"以及从事教育科学研究的"学术"。教师应具备较强的信息技术应用能力、信息技术基础理论知识和技能，能够充分、有效使用信息技术教学设备开展教学和工作；应具备信息化教学设计能力，能够将课程内容与信息技术进行有效整合；能够充分利用各种手段进行课程、教学资源开发和设计等。

②成长。信息化环境下，工作过程中出现的问题需要运用更多综合知识去解决，所以教师已经不能仅以一技之长获得一劳永逸。教师通常陪伴学生超过十年，这十年是学生个人学习知识、个性化发展、社会化成长和职业发展的重要发展阶段，因此今天的教师应当比以往任何时候都更擅长教学和学习。信息时代的课堂中学生与教师的交流互动更加频繁，交互式课堂越来越受到学生们的欢迎。而交互式课堂对教师的要求较高，教师必须时刻能与学生进行心灵上的沟通。此外，网络和多媒体的快速发展让媒介成为除家庭和学校教育之外学生获得知识的重要介质和手段。信息化时代的学生在获取、接触各类知识和信息上甚至比教师更加便利，教师凭"一技之长"的单科知识已经远远无法满足学生的成长需求。

因此，学习型社会中教师应具备纵向的终身学习、可持续发展的学习能力。教师学习力指教师获取信息、改造自我、创新教学工作并改变自身生存状态的能力，包括学习动力、学习毅力和学习能力等。现代教师的学习力尤其强调教师的知识管理能力和应用能力。而从教师专业发展的阶段和进程来看，教师也应当具有终身学习与持续发展的意识和能力，做终身学习的典范；教师应当与时俱进，不断关注专业前沿动态，更新知识结构、拓宽视野以保持专业的不断成长与发展。

③拓展。教师应变得具有情境性和迁移性，能够适应快速变化的教学情境。当前社会价值的多元化使得课堂变得复杂多变，学生各具特征，教师面临着更加广阔、更加多元的职业环境和视野。教师需要快速对新的教育教学行为和情境进行理解、接受、适应。从迁移性角度来看，教师专业能力是教师在长期的学习和实践中经过积淀形成的，一旦形成便内化为教师稳定的心理特征。当遇到相似的情境时会自主触发能力的迁移，有效解决教育教学中遇到的问题。教师应当具备可"迁移"的知识和多元、多面、系统的网状思维方式，应该具备对数字技术进行批判性思考的意识和能力，具备横向的、跨学科教学的知识整合能力和科研能力。因此，对于教师来讲，新时代的教师不仅能"教书""教好书"，还应当能将知识、技能和能力"举一反三"。

二、融合教学模式下教师的信息素养问题

（一）信息意识薄弱，信息应用能力欠缺

公民信息素养主要包括明确信息需求、掌握信息工具、搜索获取信息、分析评价信息、判断信息价值、解决实际问题、交流传播信息、开发创建信息和遵守信息道德。公民信息素养是指人们解决自己在生活、工作、学习中遇到的实际问题的能力，教师不仅需要解决自己在生活、工作和学习中遇到的实际问题，还应该教会学生以上能力。这就需要教师具备丰富的信息知识和敏锐的信息意识。但是在实际工作中，部分教师使用互联网技术、媒体技术服务教学的意识较薄弱，组织学生利用各种网络平台、APP 自主学习相关资源的意识也比较薄弱。部分教师在工作中缺乏整合信息技术与教学内容的能力，在上课时也仅是使用 PPT 进行教学，且认为使用 PPT 进行教学就是运用了信息技术。教师没有意识到可以根据课程、教学内容选择最合适的教学手段与信息技术，创设使用信息技术环境，培养学生的信息素养、提高学生的学习效果。

部分教师的信息意识比较强，且他们的信息知识结构基本合理，信息伦理自觉性也比较高，但是教师的信息应用能力欠缺。教师平时因教学、科研、教改等比较忙碌，收集信息的时间有限；教师自身信息更新较慢，且对获得的信息知识不能进行有效的整合，在教学中利用信息技术促使学生的学习方式、自身的教学方式发生转变的能力较差。在教学过程中，部分教师不能将信息技术与学科知识进行有机结合；不能恰当地运用信息技术；不能灵活地将信息技术贯穿在整个教学过程中；不能利用信息技术有效地创设相关情境，提高学生的学习效果；不能将传统的评价方式与信息技术进行有机结合；不能利用信息技术有效地开展课前启化、课中内化、课后强化与延伸学习；不能利用信息技术进行相关的改革、探索等教学活动；不能利用信息技术提升自身的综合能力与素养。

（二）教师意识不到位，信息素养能力参差不齐

"线上线下融合教学"时代对教师的信息素养要求更高，强调教师应具备高度敏感的信息意识。教师意识不到位是教师信息素养不高的原因之一。第一，部分教师虽然认同线上教学的部分优点，但仍旧以没时间学习、不会操作、实施耗费时间等多种理由拒绝进行"线上线下融合教学"。第二，受到社会惰化效应的影响，在一定范围内，当教师群体多数人懒于改变观念时，便会导致其他教师的

积极性下降，使线上教学成为"空壳"，从而导致"线上线下融合教学"的实施举步维艰。第三，由于少数教师信息道德意识不到位，将线上教学简单地理解为将教学视频上传到网络平台、学生课下自学的简单模式，少数教师简单地将他人的劳动成果搬到平台上，出现抄袭、剽窃等学术不端的行为。

教师信息素养是一个集多元化教学能力及信息品质为一体的宏观概念，是教师经过多次反复教学实践所形成的自动化行为模式，是教师职业道德和专业素养的外化表征，是教师的教学认知能力与教学实践能力共同精进所达到的综合水平。2020年新冠肺炎疫情防控期间，我国教师积极响应"停课不停教"的号召，利用各种平台与APP进行线上教学。有的教师能够迅速从线下课堂教学（传统课堂）转换到线上教学，充分利用网络教学平台及资源组织教学活动；而有的教师听到要求进行线上教学，一脸茫然、不知所措，对于线上教学过程中出现的问题也无法应对。

（三）缺乏有效培训，教师信息能力不足

线上教学对教师的信息技术应用能力提出了较高要求。但实际上，教师队伍整体的信息技术应用能力并未达到熟练开展线上教学的程度。尤其在老教师群体中，老教师的信息技术应用能力普遍低于年轻教师。相关调查研究显示，在老教师群体中，有80%的老教师不会操作线上教学平台。教师信息技术应用能力难以提高的原因主要有以下两点：其一，教师意识出现偏差；其二，学校缺乏有效提升教师信息技术应用能力的培训机会。

当前时期，一些教师已经习惯了传统的教学模式，认为使用信息技术只会影响学生、分散学生的注意力，不利于课堂教学的开展。一些教师虽然意识到信息技术的重要性，但是由于自身信息技术使用和教学能力不足，对信息化教学所需要的专业软件和信息技术辅助教学工具的操作技能掌握不足，无法从繁杂的网络信息资源中提取出有效信息。新课改背景下，很多学校加大了对学校硬件设施设备的投入力度，如高清投影仪、电子白板、电脑等智慧教室软件，硬件教学环境大多能够满足教学需求。但是却没有组织专业的信息技术培训，教师缺乏正规、专业的培训途径，无法有效提升自身的信息搜集、制作和应用能力，遇到问题缺乏有效反馈和解决途径，最终只能放弃使用信息技术方法进行教学。

（四）教师不重视信息素养能力提升，教学方法单一

高校在推广智慧教育概念过程中最大的问题是教师对智慧教育不重视，因此导致对个人信息素养能力的提升无较大的作用。在教学过程中，高校教师若不重

视智慧教育内容，无法正确认知信息化教学模式会阻碍学校智慧教育的发展。高校目前针对此问题推出了一系列微课比赛与信息技术比赛，通过竞赛的形式调动教师的学习积极性。但依然有很多老师忽略对自身信息化素养的培养，为此高校应积极推广信息化技术，加强对教师的相关培训。通过提高教师的信息化素养，为校园的智慧教育推广提供发展空间，将信息化技术应用到实际教学过程中，给学生提供更高水平的教学课堂。

目前部分教师信息素养不高，不能熟练地掌握和应用信息技术，也缺乏足够的创新精神和科研精神。在课堂教学中大多只会简单地使用 PPT、投影仪或者电子白板等，对教学的专业软件、运用多媒体制作软件等未能进行进一步的研究和应用，也从未应用过电子档案袋，未为学生制作个人资料库，演示方法略显单一。

（五）教师的信息技能水平较低，处理信息的能力不强

信息知识与技能素养是教师信息素养的基本构成，目前教师的实际教学中，存在教师的计算机应用水平较低的现状。因教师对信息化技术的使用不多，导致教学过程中无法更好地利用信息化网络完成日常教学任务，无法利用网络进行辅助教学、多媒体课件制作与更为丰富的课堂活动设计。教师的信息素养核心是将信息化技术与课堂教学充分融合，但目前我国的教育中对于信息化技术的应用仍然存在局限性。现代化教育事业中智慧教育概念的提出为教学改革提供新方向，使教学活动以更为多样化的形式带动学生课堂学习积极性。智慧教育为课堂教学提供更丰富的内容，教师的个性化教学方案设计与虚拟化教学都是全新的概念。为加强课堂学习效果，甚至有视频分析系统的推出，对课堂上学生的学习状况进行分析，教师通过分析结果对教学方案做出及时调整，或针对学习较为困难的学生做出针对性辅导。但对于更为先进技术的应用，教师的不熟练使用反而会影响正常教学秩序。

处理信息的能力包括信息的理解、应用以及分析等能力。对信息的理解能力大致包括总结、转换、论证、解释、说明以及举例。对信息的总结、解释以及说明较容易实现，而对于信息的转换、论证以及举例，总体而言目前的效果是不尽如人意的。信息的转换在教学环节常表现为，教师针对不同学生的状况和个体差别进行差别化的教学活动，教师必须将信息转换成学生可以接受和理解的内容进行传递，否则就会出现学生觉得教师水平不错，就是课程太难、听不懂的现象。这种觉得课程很难、听不懂的现象，其实就是信息的转换过程出现了问题。

信息的应用方面涉及理论联系实际的问题，高职院校的教学工作对这方面的关注度很高，但效果并不明显。高职院校的毕业生还是存在着各种不适应问题，

近些年应届毕业生极高的跳槽率可以说明这一点。不同的学校、不同的学生应该有不同的适用信息，研究生、本科生、专科生的信息应用侧重点肯定是不一样的。但现状是高校的本科生、专科生的教学形式基本上完全一样，都采用理论学习加实地实习方式，但实习内容可能与学生的就业意愿存在较大差别。

（六）信息化教学设计能力不足，忽视信息素养对自身专业发展的作用

信息化教学设计能力指的是教师充分利用现代信息技术和信息资源，结合教育学、心理学等知识理论合理设计教学过程，培养学生的知识应用能力，实现对学生新知识素养的构建。虽然大部分教师非常认可信息技术融合教学，但是在实践中，部分教师只会 Word、PPT、Excel 等软件的简单操作，而不知如何使用软件制作能调动学生兴趣的动画视频、教学课件。因此，大部分教师仍然缺乏对信息技术与教学的深入挖掘，信息技术在教学内容、教学方法中的运用不够深入。

教师专业发展过程是教师的一种认识实践活动，依赖于教师主体对专业性发展的愿景和追求。但是当前院校教师教学任务重、科研压力大、常规检查多、表格填报多、日常考核多，使得教师有专业发展的愿景与追求却无暇顾及。在这种情况下，教师更需要充分的信息素养，针对自己的实际情况帮助自己成长为一个专家型的教师。在教师专业发展中，信息意识是观念性前提，信息知识是基础，信息能力是基本保障，信息道德是航向标。当前部分教师忽视信息意识、信息知识、信息能力、信息道德在教师专业发展中的作用，忽视利用信息素养促进自身专业发展。

第二节　融合教学模式下教师信息素养的培育

一、培育目标

（一）使用新软件的能力

教师应跟上快速变化的时代，积极接受新兴事物，学会使用雨课堂、课堂派、微助教、课立方等新兴教学软件开展教学活动。这些教学软件不但使用方便，教学效果良好，还降低了学习的时间成本。很多教学软件已经能够实现多端

数据互通，具备完善的信息存储功能，便于高校教师对教学情况进行总结与分析，大大提升了教学效果。

（二）敏锐的信息意识

随着在线教育的蓬勃发展，教育模式也发生了深刻变化，即形成了"线上＋线下"的融合教学模式。教师必须意识到信息技术对教育的影响，仅仅依赖之前的教材和 PPT 等已经不能满足当前高等教育的要求。单一的教学方法和手段会使学生丧失学习的兴趣和激情，而教师也无法成长和进步以跟上时代发展的步伐。教师应该意识到，信息技术的发展对教学的影响是深远的，而信息技术也必然会成为促进教学的重要工具和手段。

（三）信息收集和处理的能力

融合教学模式的广泛应用，对教师的信息收集和处理能力提出了新的要求。教师应具备开放的心态和较高的信息敏感度，讲授的内容不应只拘泥于课本知识，而应主动关注并收集学校、区域以及国家推荐的教育资源，并定期参观研究所或工厂，经常与专家及同行进行交流。另外，教师还应加强对网络搜索技术的运用，学会挖掘前沿热点，关注名家和专业机构的微博账号和公众号，从中汲取营养，把握最新的教育动向。

在线教学的效果在很大程度上取决于教师所提供的课程资源的质量。在大数据时代下，教师应具备较强的信息收集能力，在各种良莠不齐的网络信息中，为学生筛选出高质量与高适配度的教学资源。只有保证学生获取了优质的教学资源，才能有效帮助学生提升学习效率，从而提升高校教师在线教学效果。

现在的网络课程平台或网课 APP 都具有历史数据存储、数据统计、数据检索等功能，可以对学生的课堂回答、课后作业、测试成绩等数据进行记录和监测，帮助教师借助后台数据进行更有针对性的分析和总结。教师通过对后台数据进行分析，可以有效地总结教学经验，及时对学生的学习情况进行指导，督促不同的学生攻克自己的知识薄弱点。

（四）学习和运用信息技术的能力

教师应该正确看待信息技术的运用在教学中的价值。一项新兴的信息技术在刚开始出现的时候确实需要教师花费一定的时间和精力去了解、学习、调试和实践，然而一旦被熟练掌握和运用之后其带来的便捷也是非常明显的。当代学生对于可视化的知识的接受度和兴趣度更高，合理使用信息化技术进行教学可以使教学达到提质增效的目的。同时这些信息技术，如微课和慕课的开发使用，尽管在开始建设的时候需要花费大量的心血，但一旦建设成为成熟的体系之后，其对教学的促进作用是显而易见的。此外，还可以将线上课程嵌入教学环节，对线下教学进行补充，还能及时、方便地进行调整和修改。

（五）课外管理的能力

相较于线下授课，利用网络课程平台进行教学的最大问题在于无法统一教学地点和教学时间，难以进行班级管理。因此，教师可以创建一个方便师生交流与沟通的互动平台来开展线上教学，让学生以班级为单位进行交流。有效的师生交流平台既可以为学生营造"在场感"，也可以让授课教师对学生的学习进度进行实时的监督和管理。

二、培训内容

（一）培训的内容和形式

结合信息技术的应用，要做好对学校教育信息化和相关多媒体远程技术应用方法的培训。同时要有针对性地建立学校信息资源库，做好对教师信息教育技术能力的整体培训，开展多元化的培训。

首先可以组织专家做报告，并下载相关的视频来组织教师观看，以此来参与网上的远程培训。同时要做好专题讲授，邀请相关人员来开展专题培训。通过观看典型的管理案例并结合整体的学校教育基本内容，组织建立远程教育应用管理小组和资源建设小组，进行相关管理经验的交流；并定期开展相关的管理会议，组织开展深入的专题研究和交流活动。

（二）骨干教师培训

实际上，想要提高教师的信息素养，应当有针对性地组织和构建起专业化的多媒体信息技术骨干教师队伍，以此来提高全体教师的信息素养。要做好对电教管理员以及各学科骨干教师的培训，可以组织电教管理员来做好对相关课件制作工具的维护，包括对计算机系统的维护以及计算机网络知识的维护。应当做好对学科骨干教师的信息技术与相关学科的整合、多媒体资源的收集整理应用以及相关的媒体课件制作的强化培训。可以通过现场演示讲解或者实践操作的方式，来引导教师进行小组间的合作探究，并组织相关的专家进行现场的示范讲解。通过实践操作来强化对多媒体资源的加工和利用，强化对 PPT 以及 Flash 动画等方面的培训，不断提高教师队伍的专业信息素养。

（三）校本培训

对于教师信息素养的提高，应当组织开展集中式的培训活动。首先整体的培训时间较为集中，所以应当做好校本培训。将校本培训与传统培训相结合，可以有效地发挥其持续性、广泛性和高效性的优势。学校可以组织培训活动，借助多方面的技术支持来实现对针对性信息技术的培训引导，当然校本培训应当坚持"人人都是培训者以及人人都是信息技术资源建设者"的理念。组织开展相关信息技术学科的应用案例和资源库建设。在做好校本培训活动的同时要做好对培训过程的观察，发现问题后及时整改优化。

总体来说，在明确信息素养培养的重要意义基础上，应该加强信息技术的应用培训，构建新型的信息技术教育环境，应用信息技术开展教学。同时要创新传统的教育理念，分层次地开展信息技术教育实践培训，从而有效提高教育现代化背景下教师的信息素养。

第三节　融合教学模式下教师信息素养提升策略

为打造高素质、专业化、创新型教师队伍，《教育信息化十年发展规划（2011—2020 年）》指出，要大力提升教师信息素养，开展教师信息化应用能力提升培训。在信息化时代，部分高校已经意识到信息技术对教育模式的影响，并逐渐顺应改革趋势，逐渐加快智慧校园建设。但由于当前经验不足，很多方面还存在问题，其中较为明显的便是高校教师的信息素养缺失问题。而高校教师的信息素养对教育信息化有重要作用，因此需要采取有力措施提升教师的信息素养，进而实现信息化校园的建设目标。

一、构建信息技术教育环境

为了更加高效地培养教师的信息素养，应当积极构建起新时期的现代化教育环境。教师的高水平信息素养能帮助学生获得更加理想的知识学习效果，同时也能帮助学生展开信息化的知识学习。所以为了有效培养教师的信息素养，学校和相关教育部门应当注重构建良好的信息化教学环境。学校可以向上级部门申请获取一定的教育资金，也可以吸引社会企业进行教育投资及赞助，加强对多媒体信息技术的应用，同时可以搭建起校园网络教育的新框架，促进教学质量的提升。

构建信息软硬件教育环境有利于提升教师的信息素养，需要采取以下措施：①确保每一位教师能使用一台办公电脑，至少应确保一个班级的任课教师能共用一台办公电脑。②确保教师的办公电脑随时可以上网（在条件允许的情况下，应确保教师在家中也可以随时上网），要确保教师随时可以通过网络搜索、查阅各种教学参考资料，要确保教师随时可以通过网络访问电子图书专业数据库。③应当结合各任课教师不同的教学科目，如语文、数学、英语、历史、地理、美术、体育等，以及学生的不同学习情况来组建相应的教学资源库；并且要不断优化创新教学资源库，要通过购买软件以及做好信息化教学工作来实现对更加多样化的教学资源的优化利用。另外，可以由校长牵头来搭建起多样化的信息资源数据库，教师借助这些数据资源来开展信息化教学，使学生能进行多样化的学科学习。

二、开展信息技术教育实践培训

为了有效地提高教师的信息素养，应当建立健全信息技术培训制度，并结合不同层次教师的信息素养情况构建分层次的培训制度。在培训过程中，应当遵循科学性、实效性的原则，结合教师具体的学习情况来组织具有针对性、专业性的教学，以增强对教师信息素养的培养效果。开展信息技术培训过程中还应当结合不同的培训方式，做好对互联网和计算机相关的基础知识的强化培训。同时要做好对信息技术的实践培训，组织开展专业性的技术实操、观摩，学习信息技术应用案例，以此来丰富教师的信息技术实践经验，不断提高教师的信息技术应用能力。

培养教师信息素养是未来教师专业发展结构中必不可少的内容，教师是否具备信息意识，是否熟练掌握信息技术，直接影响着教育信息化的进程。提升教师的信息素养，需要教师自身和学校共同努力。教师不仅应该丰富信息学、心理学、教育学等学科理论知识，还应该积极参加相应的计算机技术、通信技术和网络技术等技能培训，加强信息技术与课程教学的融合，从而提高课堂效率。学校应给予教师一定的支持，定期派教师外出进行新技术培训，完善教师信息素养评价机制，为教师营造良好的环境和氛围。

三、丰富教学资源库

将信息技术与课程整合是培育和提高教师信息素养的重要途径。教师实施信息化教学离不开丰富的教育资源，只有教师的积极性提高了，教育信息化的进程才会得到加快。因此，学校可建设教育资源云服务体系，开发和应用优质教育资源，提高教师的教研能力和教研水平，提高教学效果。

四、完善信息化教学激励政策

信息化教研比赛能快速提升教师的信息素养。学校定期举办信息化教学竞赛等活动，鼓励教师积极参与，对优秀教师给予相应的奖励，可提高教师学习和掌握信息技术的积极性。骨干教师还可申请信息化教学的相关课题，向其他教师展示自己的教学技能与成长经验，以个体带群体，帮助其他教师实现自身教学设计能力的提升，以此来促进教师们教学相长。

开展在线教学需要投入更多的时间和精力，学校还应完善相应的奖励政策。对于愿意建设在线教学资源和开展在线课程教学的教师，学校应给予他们政策倾斜和奖励。只有奖励和惩罚双管齐下，才能鼓励更多的教师投入信息课程资源的建设和在线课程教学的队伍中来，从而促进我国在线教学质量的提升。

五、学校加强对终身学习理念的宣传力度

有学者认为，从"学习"的角度来看，终身学习的核心是学习者信息素养的培养。因为在信息技术更新换代日益频繁的今天，提升自身的信息素养就是提升自身获取知识的能力。提升学校教师的信息素养有助于其多渠道、多角度地汲取知识。学校教师只有树立终身学习的理念，才能不断更新自身的知识体系，对自己的知识网络进行查漏补缺，从而更好地适应当今急剧变幻的互联网环境。

因此，学校应以终身学习理论为支撑，加大对教师信息素养培育的宣传力度，向教师宣传和普及信息素养培育的必要性和紧迫性。学校的相关管理部门可以定期或不定期举行有关信息素养培育的活动与展览，以加深教师对信息素养培育的认识。学校也可以组织教师参加相关培训、讲座，邀请专家、学者分享自己的终身学习理念与学习方法，向教师普及信息素养培育的重要性。另外，学校还

可以用线上的方式向教师发送培训资料或真实的优秀教学案例。由于线上学习不受时间、地点的制约，学校教师可以随时随地学习。学校应不断地创新教学方法，采用线上线下相结合的形式加强对教师信息素养的培育，提高教师对信息素养的认知水平。

六、提升教师信息能力

（一）应用信息技术开展教学

随着信息技术不断发展，其在教育领域的运用范围也在不断扩大。同时，现代化的教育趋势对传统的教育模式产生了多样化的影响，在课堂教学过程中，教师应当有针对性地应用信息技术来开展教学。由于当前多数教师并没有真正意识到信息技术的应用价值，也未实现更加多样化的应用，导致课堂教学质量难以得到有效提升。针对这一问题，地方政府及相关教育部门应当做好对教师的教育观念的引导，要帮助教师认识到"互联网+"教育的重要价值和意义。同时要基于不断变化的信息技术来实现对传统教育模式的优化创新，不断提高教师的信息素养。

（二）强化信息意识，丰富信息知识

随着时代的发展，教师需要不断提升自身信息素养。首先教师需要充分认识到在现今时代发展背景下，信息技术在教育、科研等领域起到了重要作用，进而树立"信息就是力量"的观念和意识，并将信息意识贯彻到整个教学活动中。这就需要教师转变原有观念，及时树立以信息化教学为中心的观念，主动利用信息技术、信息资源等扩展教学内涵，并促进自身教学设计能力、信息处理能力、多媒体能力等的提升。

良好的信息意识能够帮助教师提升自身捕捉、判断和利用信息的能力，提高教师信息化教学效果。具备良好信息素养的教师对信息有一定的敏锐度，具有多渠道获取信息、学科知识与信息资源整合、学习新信息技术等能力，具有培养学生信息素养的意识。因此，教师应秉持"终身学习"的理念，不断提升自己的信息素养。

信息知识是构成信息素质的基础，是进行各种信息行为的原材料和工具。教师应充分利用网络资源进行信息交流，掌握高效的教育教学方法，积极主动分享教学资源，实现信息技术与教育教学的深度融合。因此，教师可以在业余时间完善自己的知识体系，学习从互联网中获取信息资源，将动画、视频和图片等添加在教学课件、教学案例中，为学生提供丰富有趣的课堂知识，增强课堂趣味性，活跃课堂氛围，提升学生的学习积极性。

（三）增强信息能力，加强信息道德建设

信息能力指理解、获取、利用信息的能力及利用信息技术的能力。教师可以通过了解相关检索知识、制定检索策略、拓宽获取数字教育资源途径、深入了解相关教学软件、组织教学设计活动、构建教师专业发展共同体等方式提高自身信息化教学能力。

教师应自觉遵守与信息道德相关的法律法规，不断增强自身信息安全意识。在教学过程中，教师应培养学生的信息素养，向学生传授信息道德规范的标准，增强其信息道德意识。

七、树立正确的信息观

（一）树立科学化信息思维观

1. 树立全局思维

信息时代，学生能够快速获得丰富的文献材料，学生在接收这些信息时会出现"圈层"效应。所谓"圈层"效应，是指人们在面对海量外界信息时，会习惯性、倾向化地根据自己的兴趣爱好、知识结构选择性地接收信息，从而出现将自己的信息思维局限于某一特定圈层的现象。久而久之，圈层日益牢固，自身偏见得以强化，其他圈层的观点与信息被排斥，这些削弱了教育的有效性和针对性。全局性信息思维可以辅助教师构建"学生大数据"，运用大数据监测和分析学生情况，通过载体破圈、主体破圈和受众破圈，为不同价值取向、发展需求和生活习惯的学生量身定制差异化的教育方法和内容，保证学生信息接收的广度与深度，增强课堂的感染力和传播力。

2. 树立开放思维

世界上的一切事物都包含着既相互对立又相互统一的两个方面。要全面地看问题，不能以偏概全；要联系地看问题，防止孤立的观点；要发展地看问题，切忌静止地看问题。教师应树立开放思维，全面、立体、系统地看待问题。当教师以宽阔的胸怀和开阔的视野去认识互联网发展对人们思想观念的影响时，就可以在信息浪潮中保持清醒的头脑和活跃的思维，对学生进行正确的教育与引导。

（二）树立个性化信息资源观

1. 树立融合教育资源观

教育实践告诉我们，仅以语言文字展示信息时，学生只能记住 20%；仅以图像展示信息时，学生能记住 25%；如果同时以文字和图像展示信息，学生可接受 65% 的信息。这充分说明了在视觉文化背景下，课程教学中多元化信息展示的重要性和必要性。而传统的课堂教学由于受诸多条件的限制，很难将讲解与示范在同一时刻完成，只能依次传授，这影响了学生对知识的接受及运用效果。例如阐述奉献精神时，除了饱含深情的语言表达，还可借助学生喜闻乐见的图像、视频形式展开，还原叙事场景，实现历史镜像重构，让受众主体身临其境，实现浸入式教学。因此，创造数字化的学习环境，将音频、视频、图像和文字等数字资源有效融合，贯穿教学始终，才能使学生以更富有创意性和生动的方式进行学习，实现教育入脑入心的教育目标。

2. 构建个性化教学资源库

当今学生主体是"00 后"，具备主体意识增强、思维理念多样及追求与众不同等心理特征。如果教师仍然"一视同仁"，脱离了受众群体的心理特征和表达习惯，缺乏教学资源的及时更新和话语转换，那么课堂就失去了吸引力和说服力，学生也失去了学习的热情和兴趣。因此，对于教师而言，要善于把教学资源和学生实际结合起来，站在学生的角度搜集素材，满足学生个性化需求，因材施教，提升课堂的亲和力。

3. 树立创新型数字资源观

信息社会网络资源更新频繁，给教学素材带来极大的冲击，对传统的课堂更是如此。以前一些很好的数字资源，到今天就不一定适用了。因此，教师应细心观察、处处留意，深挖生活元素、社会元素、时代热点等方面的数字资源，做到常讲常新。一是结合国家战略布局，比如脱贫攻坚、乡村振兴等元素，展现社会主义集中力量办大事的制度优势，让课堂"鲜"起来；二是融入重大历史事件，如战"疫"元素，展现中国人民团结奋进、迎难而上的民族精神，让课堂"活"起来；三是关注社会热点新闻，如中美贸易摩擦、"两会"报道等，呈现党坚强领导的政治优势，让课堂"动"起来。

（三）筑牢规范化信息伦理观

1. 尊重信息资源

自互联网诞生以来，有关信息伦理、信息文化方面的问题层出不穷，各种肖像侵权、知识产权纠纷、网络谣言的传播、在线文献引文标注的规范、共享版权的应用、个人隐私的保护等问题接踵而来。单就网络资源而言，比如在图片、引文、视频、音频等数字化资源的引用过程中，对作者和出处的标注问题，到今天依旧是一个非常突出的问题。这就要求教师规范自身网络行为，合理正确地使用信息技术，自觉摒弃不道德的信息行为，培养良好的符合信息时代道德规范的行为习惯。如果连教师都不遵从信息伦理、不维护信息秩序、不尊重信息的来源和原创，又如何要求教育对象遵守信息伦理。

2. 树立信息隐私保护意识

在大数据技术与教育深度融合的过程中，师生个人信息的保护与隐私泄露问题日益突显。教师在利用各种途径和工具获取学生个人信息数据的同时，需要把握一定的尺度，保障学生个人信息不被泄露。这不仅需要严格的数据处理及管理流程，更需要教师进行换位思考。合理利用数据可以提升教学效率，而以适当的方式采集、应用、存储数据，会让学生更乐于接受。

3. 懂得网络文化

网络文化是一种依靠信息技术和网络技术形成全新的社会基础结构，并由此带来人类生活方式等方面的变革，进而引起思维方式和观念变革的社会文化。"互联网＋"时代，人们对新媒体的依赖愈发深重，每个人既是接受者也是发声者，使得大量优劣难辨的信息内容广泛传播，网络文化问题日趋突出。这些新的网络文化现象已经渗透到学校教育的方方面面，并成为教育工作者和教育对象信息素养中非常重要的组成部分。作为教育的主要实施者，教师要理解网络文化，把握网络文化产生的规律，吸收接纳网络文化中的合理部分，不断完善知识体系，丰富课堂教学内容。

八、建立健全教师信息素养评价机制

针对教师信息素养建立有效的评价机制，有助于全面把握其发展现状，为提升教师信息素养提供行动依据。在标准制定上，陈敏等参考国际上现行评估标准，普遍主张以信息意识、信息知识、信息应用、信息伦理和安全以及教师专业发展为评价维度，建立适合我国教师的信息素养评价体系。在评价方法上，李亚婷等提出在评价中应发挥过程性数据的效用，借助大数据的优势，配合传统的问卷和实地访谈等方式综合运用过程性数据和结果性数据，使教师信息素养评估向高效化和持久化方向发展。在评价实践上，吴砥等提出打造测、评、培完整链条，通过标准制定、评价测试和定制培训的相互配合、相互促进，实现教师个性化、终身化的专业发展。

由教务处、图书馆和各学院（系）骨干教师组成教学评价考核小组，依照新教学大纲制定考核评价标准，对教师的学科教学和信息素养教学成果实施考核评价。考核评价反馈信息又可以用于回溯图书馆与各学院（系）共同制定的教学策略，乃至学校信息素养教育管理委员会制定的教育政策，更好地实现人才培养目标。

信息素养教育考核评价机制要以科学的评价方式考核教师在学科专业教学过程中，是否将信息素养内容作为一种必备的专业知识进行授课，以及是否达到了预期的教学目标，以此检验各学院（系）学科教学和信息素养培养计划实施的成效。考核评价主要针对专业教学中教师的教学表现，以及学生在完成教师布置的研究性学术任务的过程中，在获取、评价、组织和使用相关信息时所展现出的信息意识、信息判断能力、合作协同和伦理道德等方面的综合表现进行评价；检查相关课程实施的教学效果，判定课程设计的教学指标的合理性，并以此为课程后续改进的依据。

参 考 文 献

［1］刘颖，吉久明，李楠，等. 学生视角下的MOOC课程教学质量评价体系构建研究：以学术信息素养类MOOC课程为例［J］. 图书馆杂志，2021，40（02）：95-103.

［2］龚芙蓉. 从"时空翻转"到"深度学习"：信息素养翻转课堂教学深化路径探析［J］. 图书馆杂志，2020，39（11）：74-78.

［3］翟兴，陈超，王鸿蕴. 信息素养对大学生网络学习投入的影响研究：以新冠疫情期间的大规模、长周期网络教学为例［J］. 现代教育技术，2020，30（10）：98-104.

［4］龚芙蓉. 基于成果导向的信息素养混合式教学深化路径探析［J］. 高校图书馆工作，2020，40（05）：46-49.

［5］张璐. 大数据时代高校图书馆信息素养创新教学分析［J］. 图书情报导刊，2020，5（08）：20-25.

［6］黄红梅. 信息素养教学设计实践研究：由教育部高校图工委信息素养培训研讨会引发的思考［J］. 图书馆学研究，2020（15）：17-22.

［7］吴砥，余丽芹，饶景阳，等. 大规模长周期在线教学对师生信息素养的挑战与提升策略［J］. 电化教育研究，2020，41（05）：12-17.

［8］吴砥，周驰，陈敏. "互联网+"时代教师信息素养评价研究［J］. 中国电化教育，2020（01）：56-63.

［9］陈捷. 中小学教师信息素养现状分析与提升策略：人工智能背景下技术与学科教学融合视角［J］. 中小学信息技术教育，2019（09）：21-23.

［10］何立芳. 翻转课堂教学模型及其在信息素养教育中的实证研究［J］. 图书情报工作，2018，62（17）：53-59.

［11］谭丹丹．运用引导性探究设计实施的大学生信息素养课程教学：以上海财经大学图书馆为例［J］．图书情报工作，2018，62（10）：30-39．

［12］黄丽霞，董红丽．基于SPOC的高校信息素养教学模式构建［J］．图书馆研究与工作，2018（04）：44-48．

［13］姜艳．教师信息素养对高中思想政治课教学影响探析［D］．济南：山东师范大学，2018．

［14］王龚．师范生信息素养课程体系建构研究［D］．上海：上海师范大学，2017．